Mayr
F. X. Mayr
Die gesunde
Ernährung nach der Kur

Peter Mayr war von 1976 bis 2003 Chefkoch im Gesundheitszentrum Golfhotel am Wörthersee und entwickelte mit Dr. Erich Rauch die Grundlagen der Milden Ableitungsdiät. Er ist Autor von über 20 Ernährungsbüchern. Peter Mayr ist Lehrbeauftragter und Prüfer der Wirtschaftskammer und betreibt die Kochschule Gustogenese. Als Ernährungsberater und Coach steht er sämtlichen Mayr-Kurhäusern und Gesundheitszentren zur Verfügung.
Kontakt: www.petermayr.at

Peter Mayr

F. X. Mayr
Die gesunde Ernährung nach der Kur

TRIAS

Inhalt

Schlank und vital bleiben nach der Kur

Liebe Leserinnen, liebe Leser!

Seit mehr als 30 Jahren hat sich die Milde Ableitungsdiät im Rahmen einer Darmregenerationskur nach F. X. Mayr als hochwirksame Heilkost für Menschen mit unterschiedlichsten Gesundheitsproblemen hervorragend bewährt.

Das vorliegende Buch richtet sich an die zahlreich erfolgreich Kurenden, die ihren nunmehr deutlich verbesserten Gesundheitszustand langfristig aufrechterhalten und pflegen wollen. Es sollen aber auch all jene Gesundheitsinteressierte angesprochen werden, die sich professionelle Tipps und Ratschläge für den täglichen Umgang mit einer leichten, gesundheits- und genussorientierten, modernen Ernährung holen möchten.

Schon sehr lange wissen wir, dass die Neuorientierung der Ernährungsweise nach F. X. Mayr für viele motivierte Menschen eine Herausforderung darstellt, weil es wohl – speziell in der heutigen Zeit – zu den schwierigsten Dingen gehört, sich von den üblichen ungünstigen Essgewohnheiten dauerhaft zu verabschieden.

Peter Mayr, der seit Jahrzehnten unermüdlich die Gesundheitskriterien nach F. X. Mayr küchentechnisch immer wieder auf den neuesten Stand bringt, leistet mit diesem Kochbuch einen wichtigen und wertvollen Beitrag, dem Leser die entscheidenden Informationen für eine genussreiche Alltagskost und dauerhaftes Wohlbefinden zu geben. In diesem Sinne wünschen wir allen Lesern viel Freude bei der Zubereitung köstlicher Speisen und gutes Gelingen.

Dr. med. Florian Rauch

Das vorliegende Buch soll Ihnen dabei helfen, eine gesundheitsorientierte praktische Ernährungsumstellung zu erreichen, damit Sie Ihre Gesundheit und Vitalität lange erhalten können. Damit finden Sie den richtigen Übergang von der reinigenden F. X. Mayr-Kur in den gewohnten Alltag. Es ist die Fortsetzung der bewährten Milden Ableitungsdiät mit ihren seit über 30 Jahren erforschten und eigens entwickelten theoretischen und praktischen Grundlagen.

Die Grundlagen der Rezepte habe ich seit 1976 mit der MAD immer weiter entwickelt und ernährungsphysiologisch auf den neuesten Stand gebracht. Die küchentechnischen Grundlagen lassen sich sowohl für die Alltagsküche als auch für jede gesunde Bioküche verwenden. Einige Mayr-Häuser bieten neuderdings diese von mir entwickelte Küche sogar als Haubenküche an. Mein Ziel bleibt es aber, im Sinne der einfachen Denkweise Dr. F. X. Mayrs die Rezepte für den Alltag möglichst einfach und praktikabel weiterzugeben, damit auch die weniger Kochbegabten ihre Scheu verlieren und sich eine Ernährungsumstellung mit einfachen Rezepten zutrauen.

Ich wünsche Ihnen viel Gesundheit und Freude mit diesem praktischen Handbuch für gesunde Ernährung im Alltag.

Ihr Peter Mayr

Schlank und vital bleiben nach der Kur

Entgiften und Entschlacken gehören zur regelmäßigen inneren Reinigung. Die sanfteste Methode der F.X. Mayr-Kur ist die Milde Ableitungsdiät (MAD), die sich seit Jahrzehnten in den Mayr-Kurhäusern bestens bewährt. Sie zeichnet sich aus durch einen stufenweisen Aufbau. Da dieses Kurprogramm die Monotonie als Heilfaktor berücksichtigt, ist es keine Dauerernährung. Dieses Kapitel zeigt Ihnen, wie es nach der MAD weitergeht.

Milde Ableitungsdiät – und dann?

Erst nach der F.X. Mayr-Kur mit dem Ausklang der Milden Ableitungsdiät geht es um eine gesunde Alltagsernährung, die genussvoll und abwechslungsreich sein soll. Dabei sind Basiselemente der MAD sowie die Esskultur nach F.X. Mayr nach wie vor das Fundament einer gesunden Ernährung. Wie leicht und schmackhaft das sein kann, soll mit dem vorliegenden Buch gezeigt werden. Gesundheit und Wohlbefinden sind keine Selbstverständlichkeit, beides muss auch gepflegt werden. Essen ist unsere tägliche Droge, wir können uns damit gesund erhalten oder krank machen.

Hippokrates und Paracelsus hatten gefordert: »Lasst eure Nahrung euer Heilmittel sein«, und Dr. F.X. Mayr betonte: »Optimalkost ist Individualkost«. In der chinesischen Medizin und im Ayurveda nimmt die Lehre ebenfalls Bezug auf die Kostform, die auf jeden Menschen individuell abgestimmt werden muss.

Es gibt keine Diät und kein Ernährungssystem, das für alle Menschen gesund ist. Was dem einen nützt, das kann dem anderen schaden. Alle Ernährungsexperten sind sich einig, dass richtige Ernährung für die Gesundheit sehr wichtig ist; leider sind sie sich aber nicht darüber einig, welche Ernähung die richtige ist. Die großen Widersprüche in den Empfehlungen zeigen, dass alle unrecht haben, die glauben, sie hätten die ideale Ernährungsform für alle gefunden. Diese für alle gültige Ernährung gibt es ganz einfach nicht, denn der Ernährungsbedarf ist von Mensch zu Mensch unterschiedlich. Es gibt viele verschiedene Ernährungstypen bzw. Stoffwechseltypen und jeder braucht eine Ernährung, die zum eigenen Typ und zu seiner Person passt. Nur dann hat man eine Chance auf Gesundheit und Vitalität und darauf, sein Wunschgewicht zu erreichen bzw. zu halten. Dazu muss der Stoffwechsel im Gleichgewicht sein. Um das zu erreichen, ist vorerst eine Entgiftungs- und Entschlackungskur nach F.X. Mayr unerlässlich. Die geschulten Mayr-Ärzte suchen die Lebensmittel heraus, die am besten zu Ihnen passen; so können Sie die für Sie optimal richtigen Lebensmittel essen und die falschen weglassen. Damit erreichen Sie eine ideale Balance in Ihrem Stoffwechsel, bleiben gesund und sind voller Energie (siehe auch »Energy-Cuisine«, Haug Verlag).

Nun aber die Hauptfrage: Was sollen wir überhaupt noch essen? Immer mehr selbsternannte Experten drängen uns ihre Meinung auf. Immer mehr Menschen sind verunsichert und ratlos, wenn es um die vernünftige Gestaltung des täglichen Speiseplans geht. Mit diesem Kochbuch wird bewusst auf die Darmreinigung nach F.X. Mayr aufgebaut und alles berücksichtigt, was es an Erfahrungen anhand von Hunderttausenden Patienten gibt. Neueste Forschungen über Fett und Kohlenhydrate werden berücksichtigt, wie bereits im Buch »Die Kohlenhydratfalle« (Rauch/Mayr, Haug Verlag) beschrieben.

Viele, einfache Grundrezepte machen Freude am Kochen und können in vielen Varianten völlig individuell abgeändert werden. Niemand muss auf seine Lieblingsgerichte verzichten, wenn er die richtige Esskultur nach F.X. Mayr beachtet und das Säure-Basen-Gleichgewicht berücksichtigt. Es ist ganz leicht, ein Lebensmittel gegen ein anderes auszutauschen, wenn es um Ihre individuelle Ernährung geht. Damit Sie auch ein Gefühl für die richtigen Mengenverhältnisse bekommen, sind alle Rezepte nährwertmäßig erfasst, sodass Sie später ohne Kalorientabelle leben können. Weil es zunehmend mehr Lebensmittelunverträglichkeiten gibt, sind zudem alle Rezepte so gestaltet, dass sie auch laktose-, fruktose-, histamin- und glutenfrei zubereitet werden können. Zudem werden bei jedem Rezept der Glykämische Index (GI) und die Glylämische Last (GL) angegeben, um die Kohlenhydrate besser reduzieren zu können.

Lebensmittel brauchen wir zum Leben

Früher war es ganz selbstverständlich, dass die vom Bauern und Gärtner erzeugten Lebensmittel frisch und unverändert auf die Märkte und damit zu den Verbrauchern gelangten. Doch mit zunehmender Technisierung der Landwirtschaft, mit der Massenerzeugung in Milch-, Fleisch- und Getreidefabriken ist der Weg vom Erzeuger zum Verbraucher immer länger geworden. Hinzu kommt, dass die unter hohem Aufwand von Futter-, Dünge- und Pflanzenschutzmitteln erzeugten Produkte an Wert eingebüßt haben. Was wir aber brauchen, sind Lebensmittel – im besten Sinne des Wortes. Wenn wir zwar hochwertige und gesunde Lebensmittel einkaufen, mit ihnen aber nicht behutsam umgehen, so kommen uns ihre kostbaren Inhaltsstoffe gar nicht oder nur zum Teil zugute. Deshalb ist es so wichtig, dass wir Zubereitungsformen vermeiden, durch die Vitalstoffe zerstört und unsere Speisen schwer und belastend werden.

In der herkömmlichen Küchenführung werden Zutaten wie Gemüse, Fleisch und Kartoffeln mit Vorliebe in Fett schwimmend zubereitet – man denke nur an die von allen Kindern heiß geliebten Pommes frites. Wenn dann auch noch billige Fette und Öle verwendet werden, kommt es zu gesundheitlichen »Todsünden«. Die neue Art zu kochen kann sie verhindern. Natürlich hat alles wunderbar geschmeckt, was unsere Mütter und Großmütter anno dazumal auf den Tisch brachten. Doch vieles, das einst mit Lust und Appetit verzehrt wurde, liegt uns heute mächtig im Magen, ist zu üppig, zu fett, zu schwer für unsere Lebensweise. Aber selbst Gänsebraten und Linseneintopf, Knödel und Kaiserschmarrn können leichter und bekömmlicher werden. Bei richtiger Zubereitung und Kombination sind auch deftige Regionalgerichte ein Genuss, den niemand bereuen muss. Mit frischen Zutaten aus naturnaher Erzeugung fängt alles an. Dann tritt die andere, die neue Küche auf den Plan: Statt Weißmehl, Schmalz und dicker Tunken gibt's frisch gemahlenes Getreide, hochwertige Pflanzenöle und Gemüsesaucen. Und alles das ist nicht nur gesünder, es schmeckt sogar noch besser.

Man kann mit Recht behaupten: Der Weg zur Gesundheit führt also durch die Küche und nicht durch die Apotheke.

Entgiften ist Grundvoraussetzung

In meinen 35 Berufsjahren wurden unzählige Kochbücher veröffentlicht, die sich intensiv mit Diät- und Ernährungsfragen auseinandersetzen. Sämtliche Grundlagen dieser gesunden Küchenform wurden in der täglichen Praxis über Jahrzehnte entwickelt. Die einzigartigen Basensuppen und Basensaucen haben sich seither ebenso bewährt wie die schmackhaften Aufstriche und Dinkelfladen. Die speziellen Getreidegerichte, Fisch-, Fleisch- und Gemüsespeisen sind geordnet nach dem Säure-Basen-Gleichgewicht und gespickt mit allen medizinischen Schwerpunkten der F.X. Mayr-Medizin. Das Entgiften und Entschlacken nach F.X. Mayr ist eine unumgängliche Basisvoraussetzung für erneuerbare Energie und Gesundheit. In der vorliegenden kohlenhydratreduzierten Alltagsernährung gibt es im Gegensatz zur Milden Ableitungsdiät (MAD) keine Eingrenzung der Lebensmittelauswahl. Ihre individuelle Ernährungsform und Verdauungsleistung sollten Sie aber nach wie vor berücksichtigen, das sorgt für beste Bekömmlichkeit und Schmackhaftigkeit.

Jeden Tag gut ernährt

Je einfacher und schmackhafter, desto überzeugender ist gesunde Ernährung. Die zentrale Frage ist immer, was uns gut tut, was wir optimal verdauen und in Kraft und Energie umsetzen können. Daher sind auch stets die individuelle Verdauungsleistung und unterschiedliche Tätigkeit zu berücksichtigen. Ein Mayr-Spruch besagt: »Was der Schmied verträgt, zerreißt den Schneider«. Wichtig dabei sind:

Pflege der Esskultur: Geselligkeit und gutes Essen sind in allen Kulturen verankert. Die Esskultur ist der Inbegriff für Freude, Genuss und Wohlbefinden. Durch die Mayr-Therapie werden unsere Sinne wieder geschärft, der Geschmack regeneriert und das Feingefühl neu geweckt. Eine wertschätzende Einstellung zur Natur und zu den biologisch produzierten Lebensmitteln ist die beste Grundvoraussetzung für ein gutes Essen, das schmeckt.

Ausreichend trinken: Wasser in reiner Form ist unser wichtigstes Getränk. Wir leben davon. Ohne Nahrung halten wir lange durch, doch ohne Wasser geht es nicht. Obgleich ca. zwei Liter pro Tag empfohlen werden, kann der Bedarf bei Bewegung viel höher sein. In der Regel rechnet man 30–35 Milliliter Flüssigkeit pro Kilogramm Körpergewicht. Das Wasser wird immer kostbarer, daher sollten wir es mehr schätzen, in unseren Regionen herrliches Quellwasser genießen zu können. Gutes Trinkwasser ist in vielen Ländern rar. Trinken verdünnt das Blut, es kann besser zirkulieren. Achten Sie aber darauf, dass Sie Ihre konzentrierten Verdauungssäfte nicht unnötig verdünnen. Das passiert, wenn Sie während der Mahlzeiten trinken, daher besser vorher oder nachher den Durst löschen. Hin und wieder ein gutes Glas Rotwein belebt den Kreislauf.

Säure-Basen-Haushalt: Auf einer sauren Wiese wächst kein Gras. Unser Verdauungsapparat bleibt nicht gesund, wenn er mit Säuren über die Nahrung übermäßig belastet wird. Zu viel tierisches Eiweiß, Weißmehlprodukte, Alkohol und Zucker tragen wesentlich zur Übersäuerung bei. Daher weniger Fleisch, dafür mehr Gemüse und Obst essen. Im Buch wird dieses gesunde Gleichgewicht bei der Zusammenstellung aller Gerichte berücksichtigt.

Qualität und Jahreszeit berücksichtigen: Für viele ist es eine Selbstverständlichkeit, viele aber müssen es noch lernen – nämlich die Lebensmittel saisonal auszusuchen. Das ist nicht immer leicht, da wir im Handel das ganze Jahr über alles auswählen können. Dementsprechend schmeckt es aber auch. Daher meine Empfehlung: Berücksichtigen Sie stets die vier Jahreszeiten beim Einkaufen und Zubereiten Ihrer Lebensmittel. Jede Zeit hat ihre speziellen Naturprodukte, von der Sonne voll Ausgereiftes bürgt für optimale Energie und besten Geschmack.

Bekömmlichkeit durch moderne Küchentechnik: Die Auswahl der Lebensmittel ist das eine, die Zubereitung das andere. Es liegt auf der Hand, dass Gebackenes und Paniertes schwer verdaulich sind, wovon leider immer noch zu viel gegessen wird. Die richtige Kombination der Lebensmittel bestimmt aber genauso die Verträglichkeit und Bekömmlichkeit wie die Zubereitungstechnik. So ist das Dünsten oder Dämpfen von Gemüse empfehlenswert, ebenso das Braten von Fleisch oder Fisch mit Gemüse zugleich sowie viel mehr fleischlose Gerichte. Sie finden eine Fülle davon im Rezeptteil (S. 46 ff.).

Natürliche Rhythmen und gut schlafen: In der Milden Ableitung gilt die Monotonie als Heilfaktor, in der gesunden Ernährung sind es die Abwechslung und die richtige Kombination von guten Lebensmitteln. Dabei spielen auch die Rhythmen eine wichtige Rolle, weil damit die Verdauungsleistung zusammenhängt. Wie aus der Traditionellen Chinesischen Medizin (TCM) oder aus der Chronobiologie bekannt, gibt es eine Höchstleistung und eine Minimalleistung unserer Verdauungsorgane. Diese sind am Morgen am leistungsfähigsten und am Abend am schwächsten. Daher sollten wir uns am Abend mit dem Essen auch zurücknehmen und nichts Belastendes essen. Im Schlaf ist der Insulinspiegel niedrig und die Fettverbrennung funktioniert, dann nehmen wir am meisten ab. Daher sind Ruhe und richtiger Schlaf wichtig. Es reicht wenig Sauerstoff für die Fettverbrennung aus, 70–80 % der Energie werden durch die Fettverbrennung geliefert, bei Tag ist es genau umgekehrt, und wir brauchen zudem viel mehr Sauerstoff.

Täglich drei Mahlzeiten: Mit Frühstück, Mittag- und Abendessen decken Sie Ihren ganz persönlichen Energiebedarf. Das Abendessen können Sie nach Belieben auch ausfallen lassen oder nur sehr wenig essen. Dabei ist es wichtig, zwischen den Mahlzeiten 5–6 Stunden nichts zu essen, damit Ihre Fettverbrennung ohne Störfaktor stattfindet. Denn das bei der Kohlenhydratverdauung benötigte Insulin blockiert die Fettverbrennung. Zwischenmahlzeiten sind daher bei Gesunden nicht zu empfehlen, dadurch wird der optimale Stoffwechsel gestört. Ein Zuviel an Kohlenhydraten wird in Fett umgebaut.

Frühstück als wertvollste Mahlzeit: Am Morgen, wenn wir ausgeruht sind, sind unsere Verdauungsorgane am leistungsfähigsten. Daher ist das Frühstück die wichtigste Mahlzeit des Tages. »Frühstücke wie ein Kaiser, iss mittags wie ein Bürger und abends wie ein Bettler«, heißt ein bekanntes Sprichwort. Alles, was am Abend hinsichtlich verminderter Verdauungskraft problematisch ist, wird beim Frühstück meist gut vertragen. Dazu gehören Vollkornbrote, Gebäck und Müsli, frisch gekochte Getreidebreie, gute Öl-Eiweiß-Aufstriche, Obst, Oliven, Paprika, Gurken, Tomaten oder andere Gemüse, Käse, Ei, Lachs, Wurst, Malzkaffee und Kräutertees gehören dazu. Wichtig ist, zuerst mit dem Eiweiß zu beginnen, falls dann Kohlenhydrate folgen. Ein paar Bissen davon reichen schon. Die Voraussetzung für guten Appetit beim Frühstück ist aber, am Abend wenig oder zwischendurch gar nichts gegessen zu haben. Auch dieser Rhythmus sollte eingehalten werden.

Das Mittagessen: Rohkost, viele Salate, viel Gemüse, weniger Getreidegerichte, Fisch- oder kleinere Fleischgerichte bereichern täglich unser Mittagessen. Wenn Sie bei Eiweiß (Fleisch/Fisch) die gewohnten und üblichen kohlenhydratreichen Sättigungsbeilagen und das Brot weglassen und stattdessen mehr Salate und Gemüse essen, befinden Sie sich bereits auf dem richtigen Weg zur Optimierung Ihres Stoffwechsels. Gleichzeitig nehmen Sie ab, wenn Sie die 5–6 Stunden Pause zwischen den Mahlzeiten einhalten und nur Wasser trinken. Dadurch wird die Fettverbrennung aktiviert. Meist sind die einfachsten Gerichte die besten. Das Mittagessen wird zwischen 12 und 14 Uhr eingenommen. Falls Sie auf das Abendessen – zumindest zwischendurch, evtl. an jedem zweiten Wochentag – verzichten möchten, nehmen Sie Ihr Mittagessen besser am späten Nachmittag zu sich, damit die Sättigung anhält. In der Regel besteht ein Mittagessen unter der Woche aus zwei Gängen. Entweder Salat oder Suppe als Vorspeise, dann die Hauptspeise.

An den Wochenenden oder an Festtagen können die Gänge zur Freude der Familie zu Mittag erweitert werden, siehe Menüzusammenstellung (S. 156). Dann dürfen Sie richtig schlemmen. Doch von Montag bis Freitag machen Sie wieder kohlenhydratreduziert weiter, Ihr Körper wird es Ihnen danken.

Zwischenmahlzeiten nicht nötig: Im Normalfall sollte ein gesunder Mensch versuchen, mit drei Mahlzeiten pro Tag auszukommen. Manchmal gar nur mit zweien, einem ausgiebigen Frühstück und einem verspäteten Mittagessen, was dann gleichzeitig das Abendessen sein soll. Damit wird ein gewisser Essrhythmus gepflegt, der auch präventiv wirkt und Übergewicht vorbeugt. Manchmal aber wird z. B. für Berufstätige auch eine kleine Zwischenmahlzeit nötig, um aufkommenden Heißhunger zu vermeiden.

Dann helfen ein Naturjoghurt, frisches Obst, ein guter Apfel, ein Salat, eine Gemüse-Basensuppe und andere kalte und warme Vorspeisen, wie sie im Buch enthalten sind. Auch eine Handvoll Nüsse, Mandeln oder Studentenfutter ersetzen eine Zwischenmahlzeit. Fürchten Sie sich nicht vor dem Fettgehalt. Ausreichendes Trinken darf nicht vergessen werden, auch das sättigt leicht. Schwarzer oder weißer Tee, grüner oder Roibuschtee stillen Heißhunger für eine Weile.

Das leichte Abendessen: Das Abendessen sollte besonders leicht sein. Auf Rohkost, Obst, Salate und frisch gepresste Obst- oder Gemüsesäfte sollten Sie abends verzichten. Diese Lebensmittel sind besonders gärungsfreudig. Fast alle Rezepte im Buch eignen sich aber auch als leichtes Abendessen, besonders die Gemüse-Basensuppen, Öl-Eiweiß-Aufstriche, kalte und warme Vorspeisen ohne Brot und zarte Fisch- oder Fleischgerichte nur mit Gemüsebeilagen. Zwischendurch z. B. jeden zweiten Tag (Rhythmus) lassen Sie das Abendessen bewusst ausfallen und trinken dafür umso mehr. Ihr Körper wird es Ihnen danken.

Da die Verdauungsleistung am Abend am schwächsten ist, sollten Sie bei der Auswahl, Zubereitung und Menge der Gerichte besonders aufpassen. Es geht darum, nur wenig oder gar nichts zu essen, damit Sie sich nicht belasten und unnötige Energie abziehen. Damit Sie gut schlafen und sich auf ein ausreichendes Frühstück freuen können. Wer sich körperlich, geistig und seelisch übermüdet zum Essen setzt, dessen Verdauungsleistung ist deutlich reduziert. Als Verdauungserleichterung empfehle ich abends grundsätzlich kohlenhydratreduzierte Trennkost, wie sie im Rezeptteil berücksichtigt wird. Bedenken Sie aber, dass auch Knabbergebäck, Alkohol, Limonaden oder andere gesüßte Getränke, wie sie am Abend gern konsumiert werden, Insulin locken. Hin und wieder ein gutes Glas Rotwein am Wochenende wirkt hingegen wie Medizin.

Durch Trennkost bekömmlicher: Die Trennkost-Diät nach Dr. Hay ist hinlänglich als Gewichtsreduktion bekannt. Hay ging davon aus, dass die Ursache aller Zivilisationserkrankungen in einer Übersäuerung (Azidose) des Körpers liege, die vor allem durch die gemeinsame Aufnahme von Eiweiß und Kohlenhydraten hervorgerufen würde. Die Folge seien Gärungsprozesse im Dünndarm.

Die Deutsche Gesellschaft für Ernährung (DGE) rät von der Trennkost ab, weil die ihr zugrunde liegende These wissenschaftlich nicht haltbar sei, es auf Dauer zu Vitamin- und Mineralstoffmangel komme und viele Lebensmittel sowohl Eiweiß als auch Fett enthalten. Es wird behauptet, der gesunde Verdauungstrakt regle alles von selbst, auch den Säure-Basen-Haushalt, doch wer von uns ist noch ganz gesund? Probieren Sie es einfach und überzeugen Sie sich selbst von der angenehmen Wirkung der Trennkost.

Die Trennung von Eiweiß und Kohlenhydraten in einer Mahlzeit regelt das Säure-Basen-Gleichgewicht, dies wird auch im Buch »Die Milde Ableitungsdiät« als Verdauungserleichterung beim Kostaufbau berücksichtigt. Daher liegt es nahe, die Trennkost auch für den Abend zu empfehlen, wo die Verdauungsleistung allgemein nachlässt. Sie brauchen z. B. im Restaurant nur zu berücksichtigen, dass Sie zu Fleisch- oder Fischgerichten (Eiweiß) keine Kohlenhydrate (Brot, Reis, Nudeln, Knödel, Kartoffeln, Getreide) als Beilage wählen, sondern Gemüse, damit landen Sie automatisch bei der Kohlenhydratreduktion. Alles Vegetarische ist weitgehend Trennkost, wobei etwas Käse oder Fleischsugo z. B. über Spaghetti keine große Rolle spielen. Eine absolute Trennung ist nicht möglich und auch nicht notwendig.

Trinken zwischen den Mahlzeiten: Unser Körper besteht zum gleichen Anteil aus Wasser wie der Planet Erde. Wasser ist unser wichtigstes Transport- und Lösungsmittel. Von klarem Wasser sollten wir zwischen zwei und drei Liter täglich zu uns nehmen. Es wird immer kostbarer und sollte daher mehr geschätzt werden. Aus dem besten Quellwasser lassen sich die besten Kräutertees und Gemüsesuppen machen. Frucht- oder Gemüsesäfte, Milch und Milchprodukte, Bohnenkaffee oder Alkoholika sind keine Trinkflüssigkeiten, sie müssen erst verdaut werden und sollten daher nährwertmäßig wie Zwischenmahlzeiten gesehen werden. Während des Essens sollte möglichst nichts getrunken werden, um die Konzentration der erforderlichen Verdauungssäfte während der Mahlzeiten nicht zu beeinträchtigen. Ihren Durst stillen Sie vor oder nach dem Essen.

Trinken Sie basische Kräutertees, naturreine Säfte, am besten frisch gepresst und verdünnt. Gemüsesäfte versorgen den Körper mit einem Basenüberschuss. Genießen Sie nur stille mineralarme Wässer (da Ihr Körper die Mineralien im Mineralwasser kaum verwerten kann und evtl. nur ablagert).

Verzehrempfehlungen der Wissenschaft

Ernährungspyramide nach den Vorgaben der DGE.

Die Verzehrempfehlungen der Deutschen Gesellschaft für Ernährung bei einem Gesamtenergiebedarf von 2 000 kcal

Gruppen	Lebensmittel	Verzehrempfehlung
Gruppe 1	Getreide, Getreideprodukte Kartoffeln	Täglich 5–7 Scheiben Brot (200–350 g) und 1 Portion Reis, Nudeln oder Flocken (150–200 g gekocht) oder 4–5 Kartoffeln (250 g)
Gruppe 2	Gemüse und Hülsenfrüchte	Täglich 1 Portion Gemüse (200 g) und 1 Salat
Gruppe 3	Obst	Täglich 1–2 Stück oder 1–2 Portionen (250 g)
Gruppe 4	Milch und Milchprodukte	Täglich $^1/_4$ l fettarme Milchprodukte und 50 g magerer Käse
Gruppe 5	Fisch, Fleisch, Wurst, Eier	Wöchentlich 1–2 Portionen Seefisch à 150 g, 2–3-mal 150 g Fleisch 2–3-mal 50 g Wurst, 3–4 Eier
Gruppe 6	Fette	Täglich Butter, Pflanzenmargarine, Öl, höchstens 20 g Streichfett und hochwertiges Pflanzenöl
Gruppe 7	Getränke	Täglich 1 $^1/_2$ l Flüssigkeit (Wasser, Tee, Kaffee, verdünnte Obst- und Gemüsesäfte)

Die 10 Regeln der DGE:

- 1. Vielseitig essen.
- 2. Getreideprodukte mehrmals am Tag und reichlich Kartoffeln essen.
- 3. Gemüse und Obst nach der Regel: 5 am Tag.
- 4. Täglich Milch und Milchprodukte, Käse, einmal pro Woche Fisch, zwei- bis dreimal Fleisch, Wurstwaren sowie Eier in Maßen konsumieren.
- 5. Wenig Fett und fettreiche Lebensmittel essen.
- 6. Zucker und Salz in Maßen verwenden.
- 7. Reichlich Flüssigkeit trinken.
- 8. Schmackhaft und schonend zubereiten.
- 9. Nehmen Sie sich Zeit, genießen Sie Ihr Essen.
- 10. Achten Sie auf Ihr Wunschgewicht und bleiben Sie in Bewegung.

Sie sehen auf den ersten Blick, wie hier althergebrachte Vorstellungen sprichwörtlich über den Haufen geworfen werden!

Gruppen	Lebensmittel
Gruppe 1	frisches Obst, Gemüse, Salate, zubereitet mit gesundem Öl
Gruppe 2	Milchprodukte, Fisch, Fleisch, Geflügel, Eier
Gruppe 3	Getreide, Getreideprodukte, Kartoffeln
Gruppe 4	Wenig Süßes

Die Menschen werden immer dicker und die Ursachen hierfür sind hausgemacht. Wir haben uns im Laufe der letzten Jahrhunderte eine Umwelt geschaffen, in der wir

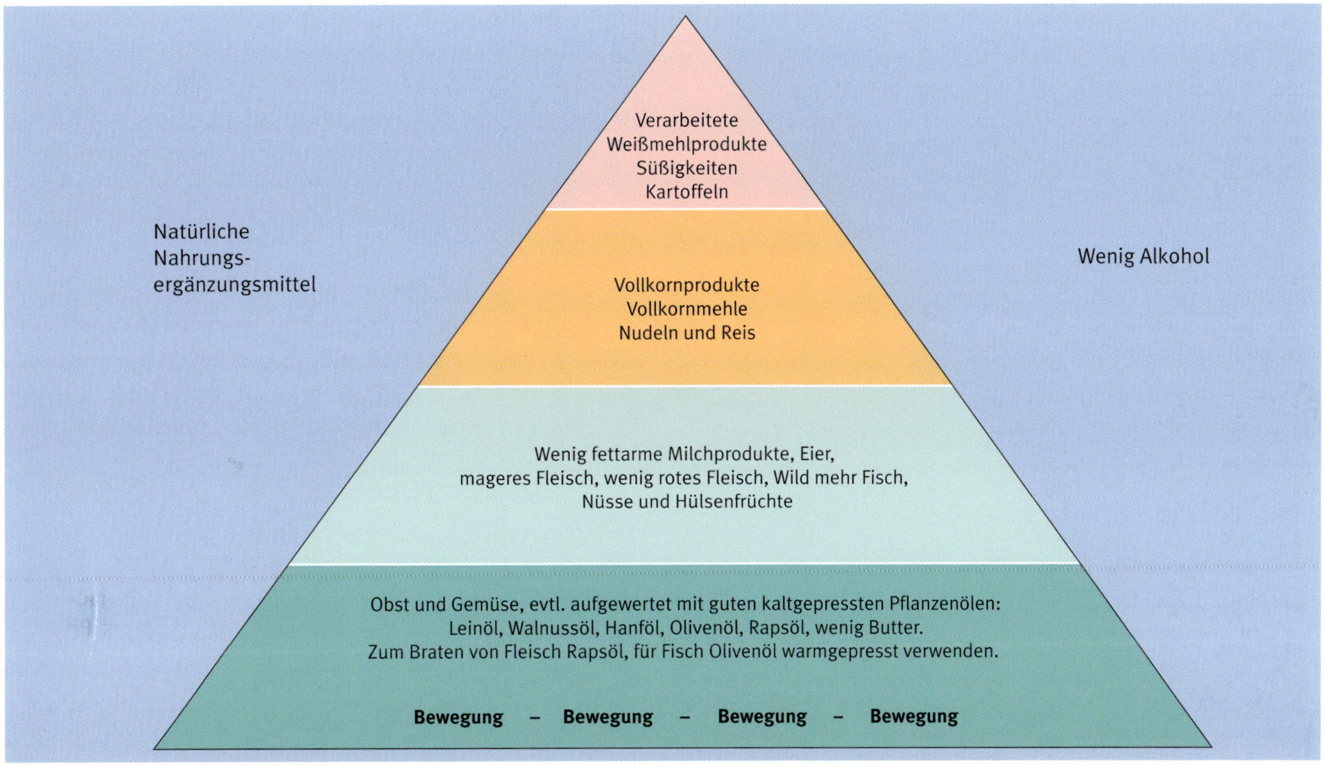

LOGI Ernährungspyramide.

immer weniger Energie verbrauchen. Obendrein essen wir mehr als nötig. Um die epidemische Verbreitung von Übergewicht und Fettleibigkeit zu stoppen, suchen Wissenschaftler in aller Welt nunmehr schon seit Jahrzehnten nach einer Lösung. Dabei verbreitet das Establishment der »Ernährungsexperten« seit Langem das Dogma, dass fettreiche Kost die Hauptursache für die zunehmende Zahl Übergewichtiger in der Bevölkerung sei. Kohlenhydrate hingegen würden angeblich schlank und fit machen. Entsprechend empfehlen sie, rund 60 % der Kalorien in Form von Kohlenhydraten zu verzehren – manche meinen sogar, besser noch seien 70 %. Das solle sogar helfen, Zivilisationskrankheiten vorzubeugen.

Mittlerweile fürchtet sich alle Welt vor Braten und Speck, Sahne, Butter und Käse. Stattdessen isst man stärkereiches Getreide, Reis und Kartoffeln und diverse daraus hergestellte raffinierte Produkte. Hinzu kommen noch Zucker und mit Zucker Gesüßtes. Diese Nahrungsmittel sind in allen erdenklichen Variationen an jeder Ecke 24 Stunden am Tag für ganz wenig Geld zu haben: Baguettes und Brezeln, Cola und Cookies, Kuchen und Kekse, Pizza und Pommes. Zucker und Stärke machen satt! Doch jetzt werden Warnungen laut: Es scheint, als hätte uns ausgerechnet die Kohlenhydratvöllerei den Zivilisationsleiden noch näher gebracht!

Je »lighter« die Menschen essen, desto fetter werden sie

Die Zahl der Übergewichtigen steigt stetig und unaufhaltsam an, auch und gerade dort, wo der Anteil an Fettkalorien sich in den letzten Jahren kontinuierlich verringert hat. Nun werden umso mehr Kohlenhydrate gegessen. Und infolge der Gewichtszunahme erkranken immer mehr Menschen an Störungen des Zucker- und Insulinhaushalts: das Metabolische Syndrom oder auch »Syndrom X« genannt. Im Laufe der Zeit entwickelt sich daraus Diabetes mellitus – die »Zuckerkrankheit«. Bis vor wenigen Jahren erkrankten daran vor allem Menschen, die älter als 50 Jahre waren. Heute haben immer mehr Jugendliche schon mit 14, 15 oder 16 diesen »Altersdiabetes«.

LOGI als Ausweg

Es gibt keine medizinische bzw. gesundheitliche Begründung, sich NICHT nach der LOGI-Ernährungspyramide (S. 15) zu ernähren. Am meisten profitieren davon Übergewichtige und Patienten mit erhöhten Blutfett- und Blutzuckerwerten und vor allem solche mit einem voll ausgeprägten Metabolischen Syndrom, aber auch Patienten mit Diabetes. Trotz des hohen Eiweißanteils müssen auch übergewichtige Patienten mit krankhaft erhöhten Harnsäurewerten bzw. mit Gicht keine Angst davor haben, diese Ernährungsmethode einzuhalten. Selbst gesunde und schlanke Menschen können davon profitieren. Denn mit hoher Wahrscheinlichkeit werden sie mit LOGI ihr Gewicht auf Dauer besser kontrollieren können und die Entwicklung von Übergewicht bzw. das Risiko eines gestörten Fett- und Zuckerstoffwechsels bzw. Diabetes zu entwickeln minimieren. Diese Methode ist selbstverständlich auch Kindern, Schwangeren und stillenden Müttern zu empfehlen.

Denn LOGI ist der Weg aus dem größten Ernährungsdilemma unserer Zeit: der »Kohlenhydratfalle«. Entgegen der immer noch vorherrschenden Diät-Empfehlung, ausgerechnet fettarm und kohlenhydratreich zu essen, wissen Ernährungswissenschaftler und Mediziner heute, wie es wirklich ist. Zu viel Kohlenhydrate begünstigen Zivilisationskrankheiten, machen hungrig und dick. Die Ernährung nach der LOGI-Methode unterstützt den Stoffwechsel, statt gegen ihn zu arbeiten. Internationale Studien beweisen, dass LOGI durch den Verzicht auf übermäßige Kohlenhydratzufuhr den Blutzuckerspiegel und die Insulinausschüttung senkt und Stoffwechselentgleisungen wirkungsvoll vorbeugt. Damit stellt diese Ernährungsform nicht nur einen gesunden und nachhaltigen Weg dar, abzunehmen, sondern ist nachgewiesenermaßen wirksame Syndrom-X-Prophylaxe und Diabetesprävention!

Lebensmittel werden nach glykämischem Index (GI) und glykämischer Last (GL) eingestuft:

- < 55: niedriger GI; ≤ 10: niedrige GL (80 pro Tag)
- 56–69: mittlerer GI; 10–19: mittlerer GL
- > 70: hoher GI; > 20: hohe GL (über 120 pro Tag)

Empfohlene Nährstoffverteilung		
DGE-Empfehlung:	Kohlenhydrate Fett Eiweiß	55–60 % 25–30 % 15–20 %
LOGI-Pyramide:	Kohlenhydrate Fette Eiweiß	40 % 30–35 % 20–30 %
Die Kohlenhydratfalle		
Rauch/Mayr	Kohlenhydrate Fette Eiweiß	40 % 30–35 % 20–30 %

Unser Säure-Basen-Haushalt

Ein wichtiges Regulationssystem im menschlichen Körper ist der Säure-Basen-Haushalt. Er hält das Verhältnis von Säuren und Basen im Körper mithilfe verschiedener Stoffwechselvorgänge konstant. Die Messgröße für den Säure-Basen-Haushalt ist der pH-Wert, der in den verschiedenen Organen und Körperflüssigkeiten wie Blut, Lymphe, Speichel oder Urin sehr unterschiedlich ist. Im Magen herrscht beispielsweise ein pH-Wert von 1–5, damit die Nahrung und insbesondere das Eiweiß aufgespaltet werden können. Im Dünndarm liegt der pH-Wert bei 5–6, sodass hier Enzyme zur Kohlenhydratverdauung aktiv werden können. Im Vergleich dazu ist der pH-Wert in den meisten Körperzellen bei etwa 7 und im Blut bei 7,4.
Werte unter 7 sind sauer, pH-Werte über 7 basisch. In verschiedenen Körperflüssigkeiten, z. B. im Blut, muss der pH-Wert konstant gehalten werden, denn kleinste Verschiebungen können den Stoffwechsel gravierend beeinträchtigen und den Körper stark belasten.

Wie Säuren entstehen

Säuren sind Stoffwechselprodukte, die im Zellinneren beim Abbau von Kohlenhydraten (Zucker, Stärke), bei der Fettverbrennung und im Eiweißstoffwechsel entstehen. Vor allem der Abbau von tierischem Eiweiß (Verzehr von reichlich Wurst, Käse und Eiern) führt zu einem Säureüberschuss. Getränke, die Phosphorsäure enthalten – Limonaden, süßer Sprudel und Colagetränke – tragen Schluck für Schluck zur Säurebelastung bei. Auch Diäten und Fastenkuren erhöhen die Säurebelastung. Nimmt der Körper weniger Energie durch Nahrung auf, versorgt er sich durch Depotfett. Dabei entstehende Abbauprodukte sind belastende Ketonsäuren. Erhöhte Säurebildung kann ebenso durch einen Mangel an Vitaminen, Spurenelementen und körperlicher Bewegung ausgelöst werden.

Tipps für Ihr Säure-Basen-Gleichgewicht

Damit es Ihnen gut geht, muss Ihr Körper eine ausreichende Menge an Basen zur Verfügung haben, mit der er Säuren neutralisiert. Dafür gibt es eine einfache Faustregel: Essen Sie viermal so viele Basen wie säurebildende Nahrungsmittel.
Auch Dr. Worlitschek hat sich dieses Themas angenommen. Tatsache ist, dass unser Körper ein Gleichgewicht zwischen Säuren und Basen benötigt, sonst kommt er aus der Balance. Ein übersäuerter Körper ist ein Krankheitszeichen. Daher wird auch in diesem Buch bei der Kostzusammenstellung darauf besonders geachtet. Eiweißreiche Lebensmittel sind zumeist auch Säurelieferanten. Solche Lebensmittel sind vorwiegend Fleisch, Fisch, Milchprodukte und alle Getreide, Zitrusfrüchte, raffinierte Öle und tierische Fette sowie industriell gefertigte Speisen, zuckerhaltige Limonaden und Colagetränke. Basisch hingegen sind

- Kartoffeln, Gemüse (außer eiweißreiche Hülsenfrüchte),
- Milch, Sahne, reifes Obst, alle Frischkräuter und
- die besten, hochwertigsten Pflanzenöle.

In der Balance bleiben

Bei der Zusammenstellung der Menüs geht es um ein gesundes Verhältnis zwischen Säuren und Basen. Es ergibt allerdings keinen Sinn, nur auf basische Lebensmittel zu setzen. Zu Fleisch- oder Fischgerichten gibt man Gemüse. Der Teller sollte so aussehen, dass man zu kleiner gehaltenen Fleisch- oder Fischportionen immer doppelt so viel Gemüse als Beilage serviert. Es ist ungünstig, Fleisch oder Fisch mit Nudeln, Knödeln, Reis, Getreide oder Brot zu kombinieren, da man dadurch zu viel Säuren zuführt. Bei Gemüse als Beilage wird der Säuregehalt deutlich reduziert und neutralisiert.
Sie müssen die Ernährung aber auch übergeordnet sehen: So geht es nicht um eine Mahlzeit, sondern um den Wochen- und Monatsplan. Erst wenn der Stoffwechsel langfristig mit säureüberschüssiger Kost überladen wird, laufen Sie Gefahr, an typischen Zivilisationserkrankungen zu leiden. Ein einzelnes Lebensmittel kann hier nichts ausrichten, es geht immer um Menge und Kombination.

Ungünstige Kombinationen mit Säureüberschuss

sauer		sauer
Fleisch		Teigwaren, Nudeln, Reis
Fisch		Weißmehlprodukte
Käse	+	Bohnenkaffee
Rinderbrühe		Süßspeisen
Eier		saure Südfrüchte

Empfehlenswerte Kombinationen im Säure-Basen-Gleichgewicht

sauer		basisch
Fleisch		Gemüsebrühe, Basensuppe
Fisch		Gemüse, Basensauce
Käse	+	Kartoffeln, Kräuter
Getreidespeisen		kalt gepresste Pflanzenöle
Teigwaren		reifes heimisches Obst

Bewegung als Basis

Ernährung und Bewegung waren und sind untrennbar miteinander verknüpft. Jagen und Sammeln, um zu essen und überleben zu können, waren früher die Hauptbeschäftigung. Was auch immer sonst noch zu tun war, alles konnte man nur mit eigener Hände Arbeit erledigen. Muskelkraft und Ausdauer waren folglich die entscheidenden Koordinaten des täglichen Lebens. Und dementsprechend war die Ausstattung unserer Vorfahren: schlank, muskulös und fit. Seit der industriellen Revolution haben sich aber die Umweltbedingungen radikal gewandelt. Inzwischen leben die meisten Menschen weitgehend bewegungsfrei. Wir sitzen in Meetings, wir sitzen im Flugzeug, im Auto, am Schreibtisch, vor unserem Computer und verbringen selbst den größten Teil unserer Freizeit sitzend vor dem Fernseher.

Ein Mindestmaß an körperlicher Aktivität hilft, eine an den Energieverbrauch angepasste Kalorienzufuhr einzuhalten und damit Übergewicht zu verhindern. Mit regelmäßiger Aktivität werden außerdem Muskeln aufgebaut. Durch Training wird die Fettsäurenzusammensetzung der Muskelzellen und ihrer Membranen günstig verändert. Unter anderem wird durch diesen Effekt die gefürchtete Insulinresistenz gemindert und die Glukoseaufnahme in die Zellen erhöht. Damit ist regelmäßige körperliche Aktivität die wichtigste präventive und therapeutische Maßnahme, um den gefürchteten Zivilisationskrankheiten vorzubeugen. Schließlich hilft Bewegung, Stresshormone und damit den Ärger des Tages abzubauen.

Schlank werden und schlank bleiben

- Meiden Sie Alkohol – er hemmt die Fettverbrennung.
- Trinken Sie ausreichend Wasser.
- Essen Sie nicht zwischendurch, halten Sie zwischen den Mahlzeiten immer eine Pause von 5–6 Stunden ein.
- Vergessen Sie nicht die Bewegung!
- Bauen Sie nur kleine Portionen Kohlenhydrate ein.
- Eiweiß sollte nie fehlen, denn es liefert die Grundlage für die Botenstoffe, die dem Gehirn »satt« anzeigen.
- Werden Sie schlank im Schlaf, vermeiden Sie abends Kohlenhydrate, das lockt das fettabbauende Wachstumshormon.

Wie Sie Ihre Ernährung umstellen und den Jo-Jo-Effekt verhindern

Ihr Tagesplan

Drei Mahlzeiten pro Tag, dazwischen mindestens 5–6 Stunden nichts essen, nur Wasser trinken, um die Fettverbrennung nicht zu blockieren. Von Montag bis Freitag möglichst ohne Kohlenhydrate. Samstag und Sonntag wie gewohnt essen und ab Montag wieder kohlenhydratreduziert, bis Sie Ihr Wunschgewicht erreicht haben.

Frühstück: Kein Brot und Gebäck, kein Getreidebrei, kein Kaffee mit Milch dafür grünen Tee oder Roibuschtee, Naturjoghurt mit Obst, Hüttenkäse oder Öl-Eiweiß-Aufstriche mit rohen Gemüsestiften aus Karotten, gelben Rüben, Paprika, Tomaten, Gurke, Sellerie, Fenchel, Schnittkäse, magerer Schinken, Ei, gebratene Zucchini und Aubergine. Dazwischen ausreichend Wasser trinken.

Mittags: Nach frühestens 5–6 Stunden wählen Sie einen Blattsalat oder gemischten Salat, eine klare Gemüsesuppe mit Eiweißeinlage oder eine gemixte Basensuppe aus Gemüse. Danach entweder ein Fischgericht mit Gemüsebeilage oder ein Fleischgericht mit Gemüsebeilage. Als Nachtisch gibt's einen Apfel. Dazwischen trinken Sie ausreichend Wasser, um die Fettverbrennung zu starten. Und: Bewegung nicht vergessen!

Abends: Nach frühestens 5–6 Stunden wählen Sie aus der Kategorie warme und kalte Vorspeisen, Basensuppen oder Eiweißaufstriche und essen kein Brot dazu.

Ihr Wochenplan

Freuen Sie sich aufs Wochenende, an dem Sie zum Frühstück Ihr Vollwertbrot mit Honig essen, einen Espresso trinken, sich zum Mittag einen Nachtisch oder Kuchen gönnen und am Abend ein Glas Rotwein genießen. Dazwischen sollten Sie Ihrer Verdauung wieder 5–6 Stunden Ruhephase gönnen. Nun können Sie selbst jonglieren und Ihr Wohlfühlgewicht unter Kontrolle halten. Im Bedarfsfall schalten Sie zwei bis drei strengere Wochen dazwischen.

Ihr Monatsplan

Wenn Sie sich wohlfühlen und Ihr Gewicht gut halten, dann machen Sie so weiter. Von Montag bis Freitag streng kohlenhydratarm, am Wochenende die gelockerte Phase und ab Montag wieder streng kohlenhydratarm. Sie werden dann selbst Ihren Essrhythmus finden und automatisch bei der Auswahl der Kohlenhydrate zurückhaltender sein, wenn Sie den Erfolg sehen und spüren (siehe Menüvorschläge und Tagespläne S. 156).

Der gesunde Umgang mit unseren Hauptnährstoffen

Lebensmittel sind alle Stoffe, die dazu bestimmt sind, in unveränderter, zubereiteter oder verarbeiteter Form vom Menschen gegessen, gekaut oder getrunken zu werden. Hier setzen bereits die Qualität und der biologische Wert der Produkte an. Je besser diese sind, desto gesünder ist die Speise oder das Gericht. Heimische Getreide, Gemüse, Obst, natürlich von der Sonne gereift, tierisches Eiweiß, artgerecht gehalten und gefüttert, sowie beste kalt gepresste Pflanzenöle sind unsere Garanten. Es ist bekannt, dass wir uns vorwiegend von den Lebensmitteln ernähren sollen, die bei uns wachsen. Damit kommen wir in den Genuss aller wichtigen Nährstoffe, die wir brauchen, um gesund zu bleiben.

Unser Essen besteht aus tierischen und pflanzlichen Nahrungsmitteln, Genussmitteln und Begleitstoffen. Energieliefernde Nährstoffe sind Eiweiß, Fett, Kohlenhydrate, Alkohol. Energiefrei sind Wasser, Vitamine und Mineralstoffe. Energiegehalt der Nährstoffe:

1 g Eiweiß	= 4,1 kcal	= 17 kJ
1 g Fett	= 9,3 kcal	= 39 kJ
1 g Kohlenhydrate	= 4,1 kcal	= 17 kJ
1 g Alkohol	= 7,1 kcal	= 30 kJ

Nur Pflanzen können Kohlenhydrate, Eiweiß und Fett aus anorganischen Elementen des Bodens aufbauen. Die Bildung von organischen Stoffen aus anorganischen Grundstoffen nennt man Assimilation. Die Pflanze benötigt also, um Kohlenhydrate in Form von Monosacchariden (Traubenzucker) und Polysacchariden (Stärke, Zellulose) zu bilden, Kohlendioxid (CO_2), Wasser (H_2O), Sonnenenergie und Blattgrün (Chlorophyll).

Gewichtsbestimmung: Ihr Normalgewicht können Sie nach folgenden Methoden berechnen:

- Broca-Index: Körpergröße in cm minus 100 = Körpergewicht in kg
- Body-Mass-Index (BMI): Körpergewicht in kg durch Größe in m^2.

Die BMI-Normalwerte bei erwachsenen Frauen liegen zwischen 20 und 25, bei Männern bis 27. Adipositas (Fettsucht) beginnt bei 20 % über dem Normalgewicht, bei einem BMI unter 20 spricht man von Untergewicht.

MEHR WISSEN

Wie viel Energie der Mensch braucht

Die DGE geht hier von 1 kcal pro kg Körpergewicht (Normalgewicht) pro Stunde aus. Der Grundumsatz für eine 170 cm große Person berechnet man nach dem Broca-Index folgendermaßen:

Körpergröße
minus 100 also 170–100 = 70 kg

Grundumsatz:
1 kcal × 70 kg × 24 Std. = 1680 kcal pro Tag

Der Grundumsatz ist abhängig von Alter, Geschlecht und Körperbau. Dazu kommt der Leistungszuwachs. Je nach Arbeitsleistung bei leichter Arbeit kommen bei obigem Beispiel noch ca. 560 kcal dazu, was einen Gesamtenergiebedarf von 2 240 kcal ergibt. Verteilung der täglichen Gesamtenergie bei drei Mahlzeiten: Frühstück 40 %, Mittagessen 40 %, Abendessen 20 %. Bedarf an energieliefernden Stoffen bei 170 cm Größe und leichter Arbeit: Eiweiß 10–15 % (56 g), Fett 30 % (70 g) und Kohlenhydrate 55 % (332 g). Empfehlungen der LOGI-Pyramide: Eiweiß 20–30 %, Fett 30–35 %, Kohlenhydrate 40 %.

Kohlenhydrate: reduziert aufnehmen

Wir werden nicht dadurch dick, weil wir zu viel Fett essen, nein, wir essen die falschen Kohlenhydrate. Kohlenhydrate sind ein Sammelbegriff für alle Zucker- und Stärkearten. Sie kommen vor allem in pflanzlichen Nahrungsmitteln vor. Die DGE empfiehlt ca. 55 % der Gesamtenergiezufuhr an Kohlenhydraten oder Sacchariden, die ein Produkt der Photosynthese sind. Wir unterscheiden Einfach-, Zweifach- und Mehrfachzucker, die in der Regel wasserlöslich sind. Diese Kohlenhydrate können in Form von Zucker und Weißmehlprodukten relativ wertlos oder in Form von vollwertigem Getreide sehr hochwertig sein – was bei der Verdauungsleistung zumindest kurzfristig berücksichtigt werden muss.

Ein Zuviel an Kohlenhydraten wird jedenfalls als Fett gespeichert, was nicht vergessen werden sollte. Energie muss verbrannt werden, dazu gehört auch Bewegung. Getreide hat unraffiniert einen hohen Anteil an Mineralstoffen und daher sollte das ganze Korn möglichst frisch gemahlen verwendet werden, was ein Maximum an Geschmack und Nährstoffen bedeutet. Zudem wird dadurch der Blutzuckerspiegel konstant gehalten. Weißer Zucker hingegen ist als Mineralstoffräuber bekannt. Pflanzliche Kohlenhydrate sind

- Getreide, Kartoffeln, Hülsenfrüchte,
- Obst und Gemüse, Zucker, Nüsse, Samen.

Tierische Kohlenhydrate sind

- Milch, Joghurt und Kefir,
- Buttermilch und Sauermilch,
- Molke, Leber (Glykogen).

Pro Tag benötigen wir auch ca. 30 g Ballaststoffe. Enthalten sind sie in vollwertigen Getreiden, Obst, Gemüse, Nüssen und Samen.

Umwandlung zu Fett: In Leber und Muskulatur ist nur eine begrenzte Speicherung der Kohlenhydrate in Form von Glykogen möglich. Glykogen wird bei Bedarf wieder in Glukose umgewandelt. Muskelglykogen kann nur zur Energiegewinnung in den Muskelzellen abgebaut werden. Sind die Glykogenspeicher in Leber und Muskulatur aufgefüllt, werden die überschüssigen Kohlenhydrate in der Leber zu Fett umgebaut und im Fettgewebe gespeichert. Umgekehrt kann im Hungerstoffwechsel aus Glyzerin (Fett) wieder Glukose aufgebaut werden (Fettsäuren können dagegen nicht zu Monosacchariden umgebaut werden). Der Mensch besteht aus 60–70 % Wasser, 15–20 % Eiweiß, 10–25 % Fett, aus ca. 6 % Mineralstoffen und ca. 1 % Kohlenhydraten.

Tipp: Das Geheimnis schlanker Menschen ist: Sie erlauben ihrem Körper, Fett zu verbrennen. Die normalen dicken Menschen verbieten es dem Körper, indem sie ihm zu viel Kohlenhydrate, also Zucker geben. Sie zwingen den Körper, Zucker zu verbrennen, weil das ja energetisch günstiger ist. Erlauben Sie ihm besser, Fett zu verbrennen, indem Sie mit Kohlenhydraten in Zukunft sehr sparsam umgehen.

Wichtig: GI und GL

Der Glykämische Index (GI) ist weltweit das Maß für den Anstieg des Blutzuckerspiegels nach Aufnahme von 50 Gramm verwertbaren Kohlenhydraten. Da dieser Wert allein nicht aussagekräftig ist, wurde der Begriff »Glykämische Last« (GL) eingeführt. Diese berücksichtigt die Verzehrmengen. Grob gesagt ist ein GI unter 50 und ein GL unter 10 günstig. Bei der GL wird der GI mit dem prozentualen Kohlenhydratanteil des Lebensmittels multipliziert. So sinkt die Glykämische Last von Karotten auf 4, da der Anteil bei der Karotte nur 4,5 % beträgt. Der Glykämische

Index von 85 kommt erst zum Tragen, wenn man statt 100 Gramm Karotten 2 Kilogramm isst.

Zusätzliche Einflussfaktoren sind die Kohlenhydratart, der Ballaststoffgehalt, die Zerkleinerung (Pürieren, Kauen) und der Verarbeitungsgrad, der Fett- und Eiweißanteil, organische Säuren (Sauerteigbrot, Essigmarinaden) und die Mahlzeitfrequenz. Bei allen kohlenhydratreichen Rezepten werden Durchschnittswerte von GI und die GL angegeben. Ein lachender Smiley steht für kohlenhydratarme Gerichte.

Schlechte Ernährung und hohe Insulinresistenz

Falsche Ernährung führt zum Metabolischen Syndrom (Fettstoffwechselstörungen, Bluthochdruck, Diabetes mellitus Typ 2, Gicht, Herz- und Gefäßkrankheiten sowie Leberstörungen), zu ständig überhöhten Insulinspiegeln mit Unterzucker- und Heißhungerphasen und entgleisten Hormonen. Ein hoher Insulinspiegel behindert die Fettverbrennung und sorgt für Fettaufbau (Lipoproteinlipase).

Die richtige Dauerernährung mit deutlicher Kohlenhydratreduktion behebt das Metabolische Syndrom über die Normalisierung des Insulinspiegels und des Hormonstoffwechsels mit anhaltenden Sättigungsphasen über die drei Mahlzeiten. Dazwischen soll jeweils 5–6 Stunden nichts gegessen werden. Vom Abend bis zum Morgen sind es dann doppelt so viele Stunden Ruhephase. Im Schlaf ist der Insulinspiegel niedrig und Fett wird abgebaut.

Denken Sie daran, dass der Igel im Herbst ständig viel Obst und Beeren frisst (Glukose, Fruktose), bis er davon dick wird (Insulinresistenz: ständig hoher Insulinspiegel macht Heißhunger) und den Winter im Schlaf damit überlebt. Im Schlaf ist der Insulinspiegel niedrig und Fett wird abgebaut. Auch unsere Rinder werden mit Kohlenhydraten, sprich Getreide, gemästet. Warum sollte es bei uns Menschen anders sein? Die Kohlenhydratmast macht auch uns dick, weil wir uns dadurch ständig in einer Insulinresistenz befinden, wodurch der Körper keine Fettverbrennung starten kann.

Eiweiß: besser pflanzlich als tierisch

Proteine oder Eiweiße sind aus Aminosäuren aufgebaute Makromoleküle. Sie gehören zu den Grundbausteinen aller Zellen und Flüssigkeiten. Jede Pflanze und jede Tierart besitzt artspezifische Eiweißstoffe. Sehr proteinhaltige Lebensmittel sind Fleisch, Fisch, Eier, Milchprodukte, Getreide, Nüsse und Hülsenfrüchte. Damit kann der Bedarf ausreichend gedeckt werden. Obgleich bekannt ist, dass tierisches Eiweiß dem Menschen näher steht, können auch durch pflanzliche Kombinationen, z. B. Kartoffeln mit Soja, die wichtigen, essenziellen Aminosäuren zugeführt werden. Es gibt kein Lebensmittel, das kein Eiweiß enthält – außer Zucker. Daher sind konzentrierte Eiweißnahrungsergänzungsmittel nicht sinnvoll, weil es eher um Reduktion geht.

Eiweiß ist lebensnotwendig. 15 % der täglichen Energieaufnahme sollen laut DGE aus Eiweiß bestehen, wobei die biologische Wertigkeit eine entscheidende Rolle spielt. Damit hängen Qualität, Haltung und Fütterung der Tiere zusammen. Eiweiß hat im Organismus entscheidende Funktionen und wird im Verdauungsapparat zu Aminosäuren zerlegt. Ein Zuviel an meist minderwertigem Eiweiß führt zu einem Säureüberhang und zur Verschlackung des Bindegewebes. Herz-Kreislauf-Probleme, rheumatische Erkrankungen, Hypertonie, Allergie und Osteoporose können die Folge sein. Fehlverdauung von zu eiweißreicher Ernährung begünstigt die Entwicklung von Allergien.

Tierisches Eiweiß ist besonders sauer

Tierisches Eiweiß ist ein besonders saures Lebensmittel, pflanzliches Eiweiß ist weniger konzentriert, das ist bedeutend für den Säure-Basen-Haushalt. Schon aus dieser Sicht muss Eiweiß vor allem in Form von Fleisch reduziert werden. Daher meine Empfehlung, weniger große Fleischportionen von 100–120 Gramm mit basischen Gemüse- und Kartoffelbeilagen, veredelt mit besten hochwertigen Pflanzenölen einmal am Tag. Der Rest sollte sich aus pflanzlichen Lebensmitteln und Milchprodukten zusammensetzen. Empfehlenswert bleibt: zwei- bis dreimal pro Woche Fleisch, zweimal Fisch und zweimal vegetarisch. Das Verhältnis ⅓ tierisch – ⅔ pflanzlich sollte beachtet werden. Im Klartext: ein kleines Stück Fleisch mit ⅔ Gemüse oder Beilage.

Umwandlung von Kohlenhydraten und Fetten: Aus dem nicht stickstoffhaltigen Teil der Aminosäuren können sowohl Fette als auch Kohlenhydrate aufgebaut werden. Umgekehrt können aus Fetten und Kohlenhydraten auch Aminosäuren synthetisiert werden – dies gilt jedoch nicht für die essenziellen Aminosäuren. Die biologische Wertigkeit von Eiweißstoffen gibt an, wie viel Nahrungseiweiß in Körpereiweiß umgebaut werden kann. Je höher die biologische Wertigkeit bzw. die Ergänzungswirkung ist, umso kleiner können die Eiweißmengen zur Versorgung des Menschen sein.

Eiweißbedarf: 0,8 g pro kg Körpergewicht pro Tag = 10–15 % der Gesamtenergiemenge.

- Schwangere und Stillende, ältere Menschen und Rekonvaleszente 1–1,2 g pro Tag.
- Neugeborene 2,7 g (1. Monat), Säuglinge 1,1 g (6–12 Monate).
- 1 g Kinder (1–4 Jahre), 0,9 g (4–15 Jahre), 0,9 g männliche Jugendliche (15–19 Jahre), 0,8 g weibliche Jugendliche (15–19 Jahre).

Die Mindestzufuhr beträgt 0,35 Gramm pro Kilogramm Körpergewicht pro Tag bei optimaler biologischer Wertigkeit und unter Berücksichtigung des Ergänzungswertes.

Eiweißmangel: Der Körper baut eigenes Eiweiß ab, zuerst Muskel-, dann Blut- und zuletzt Organeiweiß. Die Folgen sind Leistungsabfall, erhöhte Infektanfälligkeit, schlechte Wundheilung, erhöhte Morbidität und Mortalität.

MEHR WISSEN

Fleischverzicht gegen den Klimawandel

»Fleischverzicht ist die einfachste Methode, um Energie zu sparen«, sagt der indische Chef des UNO-Weltklimarats Rajendra Pachauri. Jeder Deutsche verzehrt pro Jahr rund 65 Kilogramm Fleisch, das sind fast 200 Gramm pro Tag. Grob kann man sagen, wenn der Fleischkonsum um die Hälfte reduziert wird, wird genauso viel Kohlendioxid eingespart, wie das der Fall wäre, wenn man nur mehr halb so viel mit dem Auto fahren würde. Das ist doch ziemlich beeindruckend! Erklärbar ist das so: Zur Aufzucht von Schweinen oder Rindern wird eine unvergleichlich große Menge an pflanzlichem Futter benötigt und das kostet bei unserer intensiven Landwirtschaft mit den riesigen Mengen an Dünger große Mengen an Energie. Außerdem wird dabei eine Menge Land vernichtet. Bei Rindern, die als Wiederkäuer überdies noch jede Menge klimaschädliches Methan bei ihrer Verdauung ausstoßen, ist das Verhältnis besonders ungünstig: 54 Kalorien pflanzliches Eiweiß werden verbraucht, um eine Kalorie Fleischeiweiß herzustellen. Bei Hühnern beträgt das Verhältnis lediglich 4 : 1.

Fette: auf gute Qualität achten

Fette sind organische Substanzen, die aus Glyzerin und Fettsäuren bestehen. Fett besteht aus einem dreiwertigen Alkohol-Glyzerin und drei Fettsäuren. Die Fettsäuren haben unterschiedliche chemische Strukturen. Jede Fettsäure ist eine Kette aus C-Atomen, die einfach oder doppelt miteinander verknüpft sind. Fettsäuren unterscheiden sich durch ihre Kettenlänge und die Anzahl der Doppelbindungen. Wir unterscheiden kurz-, mittel- und langkettige Fettsäuren. Fette werden entweder aus tierischen Produkten oder aus Pflanzen, teilweise auch in der chemischen Industrie gewonnen. Neben den Schlachtfetten ist die Butter das edelste tierische Streichfett aus der Milch. Pflanzliche Öle und Fette werden aus Ölpflanzen oder Ölsaat durch Pressung oder Extraktion mit Dampf oder Lösungsmitteln gewonnen. Durch das Raffinieren werden sie nutzbar.

30 % der Gesamtenergiezufuhr sollten laut DGE aus Fett bestehen. Die Werbung sorgt hier für viel Verunsicherung. Es geht nicht ohne Fett, es ist lebensnotwendig, doch die Auswahl und Menge sind auch hier entscheidend. Wenn Eiweiß und Kohlenhydrate auf 100 Gramm 4,2 Kalorien liefern, so hat Fett gleich mehr als doppelt so viel, nämlich 9,3 Kalorien. Tierische Fette bestehen aus gesättigten Fettsäuren und können für »Notzeiten« als Energiereserven gespeichert werden. Wir können diese gesättigten Fettsäuren jederzeit aus Kohlenhydraten (also Zucker) selbst herstellen. Somit wird verständlich, dass eine kohlenhydratreiche Ernährung zur Ausbildung von Fettdepots führt. Dick wird man nicht nur von zu viel Fett, sondern auch von zu viel Kohlenhydraten, da diese im Körper zu Fett umgebaut werden. Das wurde bereits im Buch »Die Kohlenhydratfalle« ausführlich beschrieben.

Olivenöl und Co.

Wir unterscheiden noch einfach ungesättigte Fette, wo das Olivenöl seinen Platz findet, und mehrfach ungesättigte Fette, die in ihrem Verhältnis von Omega-3- zu Omega-6-Fettsäuren äußerst wichtig sind und im Gegensatz zu gesättigten Fetten nicht selbst hergestellt werden können, daher in sichtbarer Form zugeführt werden müssen.

Solche Fette haben gute Transport- und Bindungsmöglichkeiten. Sie sind für die Konzentrations- und Leistungsfähigkeit des Gehirns wichtig, sorgen für die Fließfähigkeit des Blutes, erfüllen ihre Aufgaben im Hormonsystem und wirken entzündungshemmend. Wir wissen, dass fette Kaltwasserfische gut sind, weil sie Omega-3-Fettsäuren enthalten, die Fischölkapseln werden aber kritisch gesehen. Besonders wertvoll sind Leinöl, Hanf-, Raps- und Walnussöl. Aber auch alle anderen hochwertigen, kaltgepressten Pflanzenöle haben ihre Berechtigung, vorrangig das Olivenöl.

Cholesterin

Der größte Teil des im Blut vorkommenden Cholesterins wird vom Körper (vor allem von der Leber) gebildet. Diese Cholesterinproduktion wird vom Fettsäuremuster im Essen beeinflusst. Ein geringer Teil wird über tierische Lebensmittel zugeführt. Täglich werden ca. 300 Milligramm empfohlen. Cholesterin wird im Blutkreislauf durch verschiedene Lipoproteine transportiert. Das Blut kann nur eine begrenzte Menge davon aufnehmen. Überschüssiges Cholesterin lagert sich an den Gefäßwänden ab. Cholesterin wird über den Darm ausgeschieden, die Ballaststoffe unterstützen die Ausscheidung.

Cholesterin ist für den Aufbau von Zellmembranen zuständig und an der Bildung von Gallensäuren und Hormonen und an der Bildung von Vitamin D_3 beteiligt. Daraus entsteht durch UV-Strahlung das aktive Vitamin D.

MEHR WISSEN

Transfettsäuren entstehen bei der Härtung von Margarine

Dabei handelt es sich um ungesättigte Fettsäuren, deren Eigenschaften sich nicht wesentlich von den gesättigten Fettsäuren unterscheiden. Sie können in Lebensmitteln auf drei Arten entstehen. 1. durch Bakterien im Pansen von Wiederkäuern (Kühen, Schafen). Daher findet man sie natürlicherweise auch in Fleisch, Fett und Milch dieser Tiere. 2. Durch industrielle Härtung von Fetten zur Herstellung von Margarine und Backfetten. 3. Durch Erhitzen von Fetten und hochwertigen Ölen bei zu hohen Temperaturen. Bald soll es ein Gesetz geben, das Transfettsäuren klar deklariert und begrenzt. Sie sind enthalten in allen Gebäckstücken aus Fertigteig, wie Blätterteig, Plunder und Croissants.

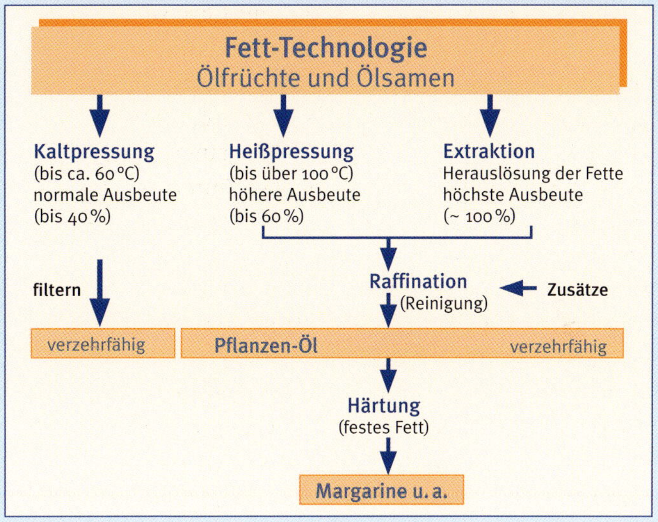

Welches Fett wofür?

Fett ist ein konzentrierter Energielieferant, dient als Vorratsstoff, ist Träger der essenziellen Fettsäuren und fettlöslichen Vitamine, wird benötigt zum Schutz für Organe, gegen Wärmeverlust nach außen, gegen äußere Einflüsse auf Haut und Haar (Talgdrüsen) und ist Träger von Geschmacks- und Aromastoffen. Sparen Sie beim Einkauf der Lebensmittel bewusst Fett, kaufen Sie seltener kleine Fleisch- und Wurstportionen und beachten Sie den Fettgehalt bei Knabbergebäck, Nüssen und Süßwaren. Als Streichfett sollten Sie Butter verwenden, zum Kochen Pflanzenöle, zum Aufwerten und für kalte Speisen beste, hochwertigste Pflanzenöle. Fettempfehlung pro Tag und Person (laut DGE):

- Streichfett bzw. Butter 15–20 g
- Kochfett 15–20 g = 2–3 EL Öl
- Versteckte Fette in den Lebensmitteln machen 20–30 g aus.

Insgesamt sollten Sie auf 70 Gramm pro Tag kommen, doch tatsächlich liegt der durchschnittliche Gesamtverzehr bei 150 Gramm pro Tag. Nehmen Sie täglich zusätzlich zwei bis drei Esslöffel bestes Leinöl, Raps- oder Hanföl zum Veredeln Ihrer Speisen.

Fettsynthese: Bei einem Mangel an Fett baut die Leber diese aus Glukose und nicht essenziellen Aminosäuren auf. Umgekehrt kann Glukose aus Glyzerin gebildet werden und ebenso können Fettsäuren Bausteine für Aminosäuren sein. Essen Sie zu viele Kohlenhydrate oder trinken Sie Alkohol im Übermaß, werden sie in der Leber zu Fett umgebaut.

Die Verwendung von Fetten und Ölen

Die DGE empfiehlt bei 30 % Gesamtfett, dieses aufzuteilen in je ⅓ gesättigte, einfach ungesättigte und mehrfach ungesättigte Fette. Wichtig dabei ist zu beachten, dass wir

Fettsäurezusammensetzung verschiedener Fette

Fett	Gesättigte Fettsäuren	Einfach ungesättigte Fettsäuren	Mehrfach ungesättigte Fettsäuren
Butter	60 %	37 %	3 %
Schweineschmalz	43 %	49 %	8 %
Leinöl	10 %	18 %	72 %
Hanföl	11 %	14 %	75 %
Walnussöl	8 %	20 %	72 %
Rapsöl	5 %	65 %	30 %
Erdnussöl	19 %	39 %	42 %
Olivenöl	15 %	77 %	8 %
Sonnenblumenöl	12 %	24 %	64 %
Sesamöl	14 %	42 %	44 %
Sojaöl	14 %	34 %	52 %
Maiskeimöl	14 %	33 %	53 %
Kürbiskernöl	20 %	28 %	52 %
Diätmargarine	23 %	22 %	55 %
Kokosfett	91 %	7 %	2 %

die Hälfte der täglichen Fettmenge in versteckter Form bereits durch unsere Lebensmittel zuführen (Käse, Kuchen und Co.) So bleiben uns bei einer Durchschnittsempfehlung von ca. 70 Gramm pro Tag lediglich 35 Gramm in sichtbarer Form für Salate und zum Kochen. Die Fettsäurenverhältnisse sind in Unordnung geraten, sodass wir vor allem einen Mangel an Omega-3-Fettsäuren haben. Wie im Buch »Die Kohlenhydratfalle« beschrieben, neigen wir dadurch zu mehr Entzündungsprozessen. Das Verhältnis von Omega-3 zu Omega-6 war früher 1 : 4, heute liegt es bei 1 : 20. Grundsätzlich sollten Fette aber nicht stark erhitzt werden, was auch die Verträglichkeit negativ beeinträchtigt. Mit besten Pflanzenölen können alle fertigen Speisen hinterher veredelt werden. Sie fördern den Geschmack. Die Butter bleibt nach wie vor das beste tierische Streichfett.

Welches Fett verwende ich zum Kochen?

Dass die Menge beschränkt und das hohe Erhitzen zu meiden ist, ist hinlänglich bekannt. Ebenso, dass hochwertige kaltgepresste Pflanzenöle dazu nicht verwendet werden sollen, da sie zu schade sind und evtl. sogar ungünstige, belastende Stoffe entstehen. Auch die Butter oder das Butterschmalz als tierisches Fett hat seinen Stellenwert, soll aber keinesfalls stark erhitzt werden, lediglich zum Anschwitzen der Lebensmittel. Geeignet sind zum leichten Anrösten oder Anbraten grundsätzlich weniger wertvolle, warmgepresste Pflanzenöle wie z. B. Oliven-, Raps- und Sonnenblumenöl.

Vitamine, Mineralstoffe und Spurenelemente

Vitamine sind lebensnotwendige, organische Verbindungen, die in kleinen Mengen benötigt werden. Der Körper kann sie nicht oder nur in unzureichender Menge bilden. Sie müssen daher zugeführt werden. Vitamine liefern keine Energie, sie gehören in die Gruppe der Wirkstoffe. Wir unterscheiden fettlösliche (A, D, E, K) und wasserlösliche: C, B_1, B_2, B_6, B_{12}, Niacin, Folsäure, Pantothensäure, Biotin. Einige Enzyme können nur bei ausreichendem Vorhandensein der Vitamine aufgebaut werden. Die Enzyme werden für den Zellstoffwechsel der Kohlenhydrate, Fette und Eiweiße benötigt. Bei Vitaminmangel ist also der Abbau bzw. der Aufbau von Stoffen in den Zellen gestört.

Spezifische Aufgaben der Vitamine: Die Vitamine A, C, D und E sind nur im Blut oder in ganz bestimmten Zellen vorhanden. Eine Überversorgung ist nur bei Vitamin A und D bekannt, meist bei zu hoher Verabreichung von Vitaminpräparaten. Überschüssige wasserlösliche Vitamine werden mit dem Harn ausgeschieden. Obwohl das Angebot an Lebensmitteln noch nie so groß war wie heute, besteht bei vielen Menschen eine Unterversorgung. Das kann eine schwere Störung hervorrufen oder gar zum Tod führen. Ursachen sind falsche Speisenzusammenstellungen und einseitiges Essen.

Vitamine erhalten

Viele Vitamine gehen verloren durch falsche Lagerung, Zubereitung (Küchentechnik) und Verarbeitung zu Weißmehlprodukten. Bevorzugen Sie frisch geerntete Ware. Bei der Lagerung verlieren Blattgemüse, Spinat und Salate bereits nach zwei Tagen im Kühlschrank ⅓ ihres Vitamingehalts, noch mehr bei Zimmertemperatur. Daher ist es wichtig, Gemüse vor dem Austrocknen zu schützen und kühl, dunkel und luftig aufzubewahren, und zwar nicht länger als nötig. Tiefkühlprodukte sind oft vitaminreicher als tagelang herumstehendes Frischgemüse. Vorsicht auch beim Wässern: Vitamine »fließen« davon, wenn die Lebensmittel zu früh geschält, geputzt, zerkleinert und eingewässert werden. Wichtig: Salat erst kurz vor Verwendung waschen und zerkleinern. Bei der Verarbeitung steht Dünsten oder Dämpfen an erster Stelle, wenn es um den Vitaminerhalt geht. Halten Sie Gemüse auch nicht zu lange warm, besser rasch abkühlen und bei Bedarf wieder erwärmen. In der Regel ist eine gesunde Mischkost ausreichend, um die Vitaminzufuhr zu sichern.

Mineralstoffe

Mineralstoffe sind anorganische Nahrungsbestandteile, die für einen reibungslosen Ablauf der Lebensvorgänge im Organismus unerlässlich sind. Sie müssen regelmäßig mit der Nahrung aufgenommen werden und wirken schon in kleinen Mengen. Mineralstoffe liefern keine Energie, sie gehören – ebenso wie die Vitamine – in die Gruppe der Wirk- und Baustoffe. Wir unterscheiden Mengenelemente wie Natrium, Chlor, Kalium, Kalzium, Phosphor und Magnesium sowie Spurenelemente wie Eisen, Jod, Fluor, Kupfer, Kobalt, Molybdän, Mangan, Zink, Chrom, Selen, Nickel.

Mineralstoffe sind Reglerstoffe: Sie beeinflussen in gelöster Form (Elektrolyte) die lebensnotwendigen physikalischen und biochemischen Zustände der Körperflüssigkeiten, wie z. B. den osmotischen Druck (Regulierung des Wasserhaushalts durch Natrium und Kalium) und den pH-Wert (Säure-Basen-Haushalt). Sie sind Baustoffe für die Bildung von Gerüst- und Stützsubstanzen des Skeletts und der Zähne. Sie sind Bestandteil von Enzymen, z. B. Magnesium, Eisen, Zink, Mangan. Sie sind Bestandteil von Hormonen, z. B. dem Schilddrüsenhormon Thyroxin (Jod), und Bestandteil von Vitamin B_{12} (Kobalt).

Wasser: brauchen wir zum Leben

Der Wasserbedarf hängt von der Wasserausscheidung des Körpers ab. Der gesunde Erwachsene sollte 30–35 Milliliter pro Kilogramm Körpergewicht am Tag aufnehmen. Das sind bei 70 Kilogramm 2–2,5 Liter. Ein gesteigerter Flüssigkeitsbedarf ist bei starkem Schwitzen (bis zu 10 Liter pro Tag), hohem Salzgehalt der Nahrung, Durchfall und starkem Erbrechen, Fieber sowie in der Stillzeit gegeben. Auf Wassermangel reagiert der Körper bedeutend empfindlicher und schneller als auf Hungern. Man kann wochenlang ohne Nahrung, aber nur wenige Tage ohne Wasser auskommen. Im lebenden Organismus ist Wasser der größte und wichtigste Bestandteil, es gehört zu den energiefreien Nährstoffen.

Der Erwachsene besteht zu ca. 70 % aus Wasser. Wasser ist das Lösungsmittel der Nährstoffe bei der Verdauung, nur so können sie durch die Darmwand ins Blut aufgenommen werden. Täglich werden ca. 10 Liter Verdauungssäfte in den Verdauungstrakt abgegeben und wieder ins Blut aufgenommen. Mit den Körperflüssigkeiten werden die Nähr- und Wirkstoffe sowie Sauerstoff zu den Zellen transportiert. Umgekehrt werden Stoffwechselprodukte, Kohlenstoffdioxid und Harnstoff zu den Ausscheidungsorganen gebracht. Durch Verdunstung von Wasser wird Wärme verbraucht. Auf diese Weise wird die Körpertemperatur geregelt. Wasser wird ausgeschieden mit dem Harn durch die Nieren, mit dem Kot durch den Darm, mit Ausdunstung und Schweiß über die Haut und mit der Atemluft als Wasserdampf durch die Lungen.

Salz: besser sparsam würzen

Es gibt einen Geschmackssinn, der »salzig« heißt. Salz spielt in der Ernährung als Mineralstoffträger eine große Rolle. Ohne Salz schmecken die Speisen fad. Salz hebt den Eigengeschmack, daher werden auch Süßspeisen mit einer Prise Salz versehen. Man spricht nicht umsonst vom »Salz in der Suppe«. In der Küche wird auch oft im Salzmantel gegart, wodurch der Eigengeschmack und die Aromastoffe noch besser erhalten bleiben. Salz steuert die Entwicklung von Enzymen bei der Teigbereitung und ermöglicht eine gesteuerte Gärung. In gelöster Form liegt Kochsalz in Form von positiv geladenen Natrium- und negativ geladenen Chloridionen vor, die eine lebenswichtige Rolle für den Wasserhaushalt, das Nervensystem, die Verdauung und den Knochenaufbau spielen.

Dass grundsätzlich zu viel Salz verwendet wird und auch Bluthochdruck damit zusammenhängt, konnte bis heute noch nicht eindeutig nachgewiesen werden. Eine Studie der Uniklinik Heidelberg konnte jedoch zeigen, dass Salz die Bildung bestimmter Botenstoffe in der Muskulatur von Blutgefäßen, die die Muskelzellen zur Kontraktion bringen, fördert. Der erhöhte Widerstand in den Blutgefäßen wiederum führt zu einem erhöhten Blutdruck.

Zu wenig Salz ist auch nicht gut

Salz kann durch den Magnesiumgehalt Wadenkrämpfe beim Sport verhindern. Natürlich ist der Konsum erhöht bei starkem Schwitzen. Der Schnitt liegt bei 12–14 Gramm Kochsalz pro Tag und Person, wir brauchen 2–3 Gramm. 1 Gramm Natrium kann bis zu 100 Milliliter Wasser binden und belastet damit Herz und Kreislauf; wenn zudem noch zu wenig getrunken wird, umso mehr. Verwenden Sie daher generell weniger Salz, achten Sie auf gutes Natursalz oder Meersalz und vermeiden Sie Glutamat und Geschmacksverstärker.

Die Salzmenge im menschlichen Körper wird durch Hormone kontrolliert und nahezu konstant gehalten. Ist der Salzgehalt zu hoch, wird durch Flüssigkeitsausstoß überschüssiges Salz ausgeschieden, womit ein nicht unerheblicher Verlust an Wasser verbunden ist. Die Folge ist ein instinktiv ausgelöster Durst. Ein dauerhaft hoher Salzverbrauch steigert so die Wassermenge im Körper und damit das Gewicht und kann zu einer Schädigung der Nierenfunktion führen. Aber auch der Konsum von weniger als 2 g täglich wirkt sich negativ aus, da die Salzkonzentration im Körper des Betroffenen jedes Durstgefühl stoppt und so zu einer Austrocknung führt.

Am besten aus dem Meer

Die chemische Formel ist bei allen Salzen gleich: Natriumchlorid. Es geht aber um die Gewinnung des Salzes und um die Frage, wie stark es industrialisiert wurde. Verwenden Sie in Ihrer Küche gutes Meersalz oder feines Steinsalz; es ist nicht nur vom Geschmack, sondern auch vom Mineralstoffgehalt her besser. Im natürlichen Meersalz sind über 80 verschiedene Bestandteile des Meerwassers nachweisbar. Das macht den Unterschied, den man auch schmecken kann. Zu erkennen ist solches Salz am hohen Feuchtigkeitsgehalt von 5–8 %: Beim natürlichen Trocknen bleibt eine gewisse Flüssigkeitsmenge als »Salzmutter« erhalten. Weil keine Rieselmittel verwendet werden, können die Salzkristalle leicht zusammenkleben. Durch den Verzicht auf Aufheller kann das natürliche Salz leicht grau erscheinen.

Man kann manchmal in Restaurants beobachten, dass Menschen zum Salzstreuer greifen, bevor sie überhaupt gekostet haben. Das ist eine große Unsitte. Salz ist genauso ein Konservierungsmittel wie Zucker. Gepökeltes und Geräuchertes werden mit Salz haltbar gemacht, Marmelade mit Zucker. Für Zucker gilt das Gleiche wie für Salz. Auch dieser sollte entscheidend reduziert werden. Dass weißer Zucker ein großer Mineralstoffräuber ist, ist hinlänglich bekannt.

Lebensmittelunverträglichkeiten

Da die Lebensmittelunverträglichkeiten immer mehr zunehmen, muss auch in einer gesunden Ernährung daran gedacht werden. Dahinter stecken fast immer psychische Komponenten. Daher gibt es, wie bereits im Buch »Milde Ableitungsdiät«, bei allen Rezepten einen Hinweis, was bei Laktose-, Fruktose-, Histaminintoleranz oder Gluteinunverträglichkeit wegzulassen oder auszutauschen ist.

Laktoseintoleranz

Laktose heißt übersetzt Milchzucker. Bei der Laktoseintoleranz liegt ein Enzymmangel vor, das heißt, das Enzym Laktase, das die Laktose abbaut, ist nicht in ausreichendem Maß im Darm vorhanden. Das Enzym sitzt in der Dünndarmschleimhaut und spaltet den Milchzucker (Laktose) in zwei Bestandteile, den Traubenzucker und den Schleimzucker (Galaktose).
Es gibt mittlerweile laktosereduzierte Milchprodukte auf dem Markt, unter anderem Milch, aber auch Käse, Joghurt, Sahne, Quark (Topfen) und mehr. Es ist zu beachten, dass Laktose vielen Produkten zugesetzt wird: Broten, Getreideriegeln, Fertiggerichten, Würzmischungen, Wurstwaren, mariniertem Fleisch, Teigen, Bonbons und Speiseeis, Schokolade, Instantprodukten, Tütensuppen.

Fruktoseintoleranz

Fruktose kommt frei und in verschiedenen Verbindungen vor:
- Haushaltszucker (Gemisch aus Fruktose und Glukose)
- Honig (Gemisch aus Fruktose und Glukose)
- Invertzucker (Gemisch aus Fruktose und Glukose)

Folgende Lebensmittel sollten Sie bei einer Fruktoseunverträglichkeit meiden:
- Obst und Obstsäfte. Meist gut verträglich sind Honig- und Wassermelone, Banane und Mandarine.
- Gemüsesorten mit einem Fruktosegehalt über 1 Gramm pro 100 Gramm (Karotten, Artischocken, Brokkoli, Auberginen, Kürbis, Paprika, Tomaten), wobei es hier immer eine Frage der Menge bleibt
- sichtbarer Haushaltszucker (in Tee, Kaffee oder Süßspeisen)
- Sorbit (in Diätprodukten)
- Honig

Zusätzlich muss der Verzehr von sorbithaltigen Lebensmitteln streng vermieden werden, da Sorbit die Aufnahme von Fruktose verschlechtert und so die Beschwerden verstärkt. Sorbit wird als Zuckeraustauschstoff verwendet. Es findet sich in vielen Diabetikerprodukten, in Kaugummi und anderen Süßigkeiten. Sorbit wird im Körper in Fruktose umgewandelt. Inulin ist ein bestimmtes Kohlenhydrat, das Fruktose enthält. Alle Nahrungsmittel, die diese Verbindungen enthalten, müssen bei einer fruktosearmen Diät konsequent gemieden werden. Dazu gehören z. B.
- Marmelade, Honig, Trockenfrüchte,
- Brot und Backwaren mit Zucker, einige Gemüse, Frühstückscerealien, Nüsse, Bohnen, Linsen, Sojaprodukte,
- Wurstwaren mit Zucker, Limonade, Essig, Alkohol, Diabetikerprodukte,
- Konserven und Fertigprodukte mit Zucker, Gewürze bzw. Gewürzmischungen mit Zuckerstoffen, Aromen.

Steht der Zusatz »zuckerfrei« auf einer Packung, so kann das Produkt Sorbit enthalten. Deshalb ist Vorsicht geboten. Das gilt auch für viele Arzneimittel, deren Ummantelung aus Zuckerstoffen besteht.

Histaminintoleranz

Die Symptome der Histaminintoleranz sind denen einer allergischen Erkrankung sehr ähnlich und können leicht verwechselt werden, denn bei beiden Krankheitsbildern spielt Histamin die entscheidende Rolle.
Histamin ist eine biologisch hochpotente Substanz, die im Organismus eine Fülle von erwünschten, aber auch unerwünschten Reaktionen auslöst. So ist es z. B. an der Magensäureproduktion beteiligt, erweitert die Gefäße, hat Einfluss auf den Wach-Schlaf-Rhythmus und wird mit verbesserter Lernfunktion in Zusammenhang gebracht. Beim Auftreten

allergischer Reaktionen spielt Histamin als wichtigster Entzündungsstoff auch eine zentrale Rolle.
Histamin wird vom Menschen selbst produziert, in Blut- und Gewebezellen gelagert und steht zur sofortigen Freisetzung jederzeit zur Verfügung. Es kann allerdings auch von außen in den Körper gelangen: einerseits durch Einatmen (z. B. Pollen) oder durch die Aufnahme von Speisen und Getränken. Histamin ist in fast jedem Lebensmittel enthalten, vor allem in jenen, an deren Erzeugung und Reifungsprozess Mikroorganismen beteiligt sind. Der Histamingehalt kann je nach Sorte, Reifegrad, Haltbarmachung und Lagerdauer stark schwanken. Frische Lebensmittel (mit Ausnahme von Früchten) enthalten in der Regel weniger Histamin.

Histaminhaltig sind:

- alkoholische Getränke (insbesondere Rotwein)
- Käse (insbesondere Hartkäse, z. B. Parmesan und Pecorino)
- Schokolade (auch kakaohaltige Nahrungsmittel)
- Salami und Rohwürste, Geräuchertes
- Nüsse
- Tomaten
- Sauerkraut
- Spinat
- Erdbeeren, Zitrusfrüchte
- Fisch

Zöliakie

Die Zöliakie (Glutenunverträglichkeit) ist eine chronische Erkrankung der Dünndarmschleimhaut aufgrund einer Überempfindlichkeit gegen Gluten, das in vielen Getreidesorten vorkommende Klebereiweiß. Die Unverträglichkeit bleibt oft lebenslang bestehen, sie ist zum Teil genetisch bedingt und kann derzeit nicht ursächlich behandelt werden. Momentan ist die einzige gesicherte Möglichkeit, die Krankheit zu behandeln, eine lebenslange glutenfreie Diät, wodurch der Darm wieder heilt und auch die Risiken der Langzeitfolgen sinken.
Strikt zu vermeiden sind alle Getreidesorten mit Glutengehalt (Weizen, Gerste, Roggen wie auch deren botanisch verwandte Ursorten Dinkel, Grünkern, Kamut, Einkorn, Emmer sowie die Roggen-Weizen-Kreuzung Triticale). Bislang wird auch der Verzicht auf die Grasgattung Hafer empfohlen.

Als Alternative zu den glutenhaltigen Getreidesorten ausdrücklich erlaubt sind

- Hirse, Mais, Reis, Buchweizen, Amaranth, Quinoa,
- Sojabohnen, Teff, Kastanie und Kochbanane.

Keine Probleme bereiten Gemüse einschließlich Kartoffeln, Salate, Früchte, Fleisch und Fisch, Eier, Milch und Milchprodukte. Inzwischen finden sich viele glutenfreie Backwaren, Frisch- und Fertigprodukte auch in Supermärkten von Handelsketten.

So essen Sie das Richtige!

Da die Lebensmittelunverträglichkeiten ständig zunehmen, muss auch in einer gesunden Ernährung darauf eingegangen werden. Daher gibt es, wie schon im Buch »Milde Ableitungsdiät«, bei allen Rezepten einen Hinweis, sodass Sie auf einen Blick sehen, was bei evtl. Laktose- oder Fruktoseintoleranz, Histamin- oder Glutenunverträglichkeit wegzulassen ist oder was in diesem Fall gegen andere Lebensmittel ausgetauscht werden kann. Folgende Piktogramme zeigen Ihnen übersichtlich und schnell, was Sie bei Laktose-, Fruktose-, Histamin- und Glutenunverträglichkeit vertragen und welche Zutaten Sie ggf. austauschen sollten:

L bei Laktoseintoleranz
F bei Fruktoseintoleranz
G bei Zöliakie (G steht für Gluten)
H bei Histaminintoleranz

Die Smileys zum Glykämischen Index und zur Glykämischen Last zeigen Ihnen, ob die jeweiligen Werte sich günstig oder ungünstig auf Ihre Ernährung auswirken und wie viel Kohlenhydrate die jeweiligen Gerichte enthalten:

GI Glykämischer Index pro 100 g
GL Glykämische Last pro 100 g

Die gesunde Küchentechnik

Gesunde Küche heißt qualitätsvolle, lichtreiche Lebensmittel nach Jahreszeit gekauft, kurzzeitig richtig gelagert, mit liebevoller Einstellung und der richtigen Küchentechnik zubereitet, mit Freude angerichtet und in wertschätzender Einstellung zum Naturprodukt, in harmonischer Stimmung genussvoll gegessen. Biophotonen oder die Kraft der Sonne als Energie werden gespeichert in allen pflanzlichen, tierischen und menschlichen Zellen. Dadurch werden erst Qualität und Nährstoffdichte bestimmt.

Ernährung ist der Prozess, bei dem die Lebensmittel in den Körper aufgenommen, verarbeitet und so verändert werden, dass die verschiedenen Inhaltsstoffe von den Verdauungsorganen verwertbar sind. Die Lebensmittel werden also primär im Verdauungsapparat verändert, um an die Inhaltsstoffe zu gelangen. Ein Teil dieser prozesshaften Veränderung erfolgt durch die gewählte Küchentechnik.

Was nützt das beste Produkt, wenn es so zubereitet wird, dass es nur schwer verdaut werden kann? Wenn es noch dazu nicht schmeckt, ist es ganz schlimm. Daher ist die individuelle Verdauungsleistung ein sehr wichtiger Ansatz. Sie hilft uns dabei, die Produkte besser auszusuchen, besser zu kombinieren und bekömmlicher zuzubereiten. Ziel ist es, beides in Einklang zu bringen. Was ich aber betonen möchte: Die wertschätzende Einstellung zu den Produkten und zum Kochen ist viel wichtiger als das beste Kochgeschirr und die beste Kücheneinrichtung. Ausführlich beschrieben wurde meine Küchentechnik bereits im Buch »Milde Ableitungsdiät«, in »Energy-Cuisine« und in der »Candida-Diät«.

Die Küchentechnik entscheidet über die Bekömmlichkeit der verschiedenen gesunden Lebensmittel bzw. deren Gerichte genauso wie die Kombination der einzelnen Lebensmittel und deren Menge. Daher hier in Kurzform das Wichtigste zu den einzelnen empfehlenswerten Gartechniken:

Kochen

Das Kochen gehört zu den ältesten und wichtigsten Kulturtechniken des Menschen. Es ist das Erhitzen einer Flüssigkeit bis zum Siedepunkt. Die Bedeutung des Kochens liegt vor allem in den chemischen Reaktionen: Das Zellgewebe wird gelockert, Eiweiße gerinnen, Bindegewebe gelatiniert, Fette verflüssigen sich, Stärke verkleistert, Mineralstoffe werden freigesetzt und Geschmacksstoffe gebildet. Eine Gemüsebrühe lässt man köcheln, dadurch gehen die Inhaltsstoffe ins Kochwasser über. Gemüse und Kartoffeln aber werden gedünstet oder gedämpft, damit die Nährstoffe erhalten bleiben. Salzkartoffeln zu kochen und das Wasser dann wegzuschütten ergibt keinen Sinn. Es kann aber auch nicht alles gedämpft werden. Brokkoli sollte besser gekocht werden, damit seine Farbe erhalten bleibt. Das Wasser wird weiterverwendet. Nudeln werden nach wie vor in ausreichend Wasser gekocht, die Stärke verkleistert und das Wasser ist nicht geeignet zum Weiterverwenden. Zudem sollen Nudeln »al dente« bleiben.

Ein Tafelspitz wird auch in kochendem Wasser zubereitet. Daraus wird dann auch die Rindsuppe gemacht. Die gilt es allerdings großteils zu meiden, da die Brühe ein Auszug vom Fleisch ist und daher besonders »säureüberschüssig«. Auch Nockerln und Knödel werden meist in Salzwasser gekocht. Gemüse als Beilage sollte nie gekocht, sondern gedünstet oder gedämpft zubereitet werden.

Dämpfen

Dämpfen ist eine besonders schonende Garmethode im drucklosen Wasserdampf bei Temperaturen bis zu 100 Grad. Zum Dämpfen besonders geeignet sind Fisch, Fleisch, Getreide, Kartoffeln, Gemüse. Zum Dämpfen benötigt man einen Topf mit Deckel, dazu gibt es faltbare Dampfeinsätze. Beim Dämpfen darf nur so viel Wasser im Topf sein, dass es das Gargut auch kochend nicht erreicht; der Topf muss geschlossen sein, damit die Luft im Topf mit Wasserdampf gesättigt ist. Durch das Dämpfen weichen die Zellwände und Fasern auf, das Eiweiß gerinnt und die Stärke quillt auf. Das Dämpfen von Gemüse gehört zu den einfachsten und wichtigsten Zubereitungsmethoden der Küche, weil dadurch die meisten Inhaltsstoffe und Aromastoffe erhalten bleiben. Dazu wird ein simpler Kocheinsatz oder ein modernes Dampfgerät verwendet, mit dem Sie gleich mehrere Gemüsesorten zubereiten und einzeln probieren können. Diese Geräte ermöglichen auch das Erwärmen von Speisen und sind eine gute Alternative zum nicht empfohlenen Mikrowellenherd.

Dünsten

Dünsten ist eine Zubereitungstechnik, bei der Fisch, Fleisch oder Gemüse in etwas Flüssigkeit wie z. B. Wein, Brühe bzw. Fond oder auch nur Wasser gegart wird. Man unterscheidet drei Methoden:

- Dünsten ohne Fett in Eigenflüssigkeit (z. B. bei Tomaten, Gurken)
- Dünsten ohne Fett mit Fremdflüssigkeit (z. B. Kartoffeln)
- Dünsten unter Zugabe von Fett (z. B. Karotten, Kohlrabi)

Allgemein ist für Fisch ein kurzes Dünsten die bevorzugte Methode, weil so sein Eigengeschmack und die zarte Struktur am besten zur Geltung kommen und er nicht austrocknet. Eine weitere Variante ist das Dünsten im eigenen Saft mittels Aromata in Folie. Beim Dünsten wird das Lebensmittel mit zusätzlicher Flüssigkeit weich gedünstet. Meist mit Deckel und so, dass die Flüssigkeit verdunstet, wenn das Gemüse gar ist. Genau nach dieser Methode kann auch Fisch kurz oder Fleisch länger gedünstet werden. Dann gibt man zu Fisch etwas Weißwein dazu und Frischkräuter, wie beispielsweise Zitronenthymian, Basilikum oder Dill.

Das Dünsten ist immer schmackhafter als das Dämpfen, weil etwas Öl oder Fett als Geschmacksträger verwendet wird. Der passende Aufguss kann aus Wasser, Mineralwasser oder bei Fleisch- oder Fischgerichten aus einer Mischung von Gemüsefond mit Fleisch- oder Fischfond bestehen. Wenn Sie beim Dünsten von Gemüse Mineralwasser mit Kohlensäure verwenden, dann sorgt die Kohlensäure dafür, dass das Gemüse eher weich wird. Wenn Sie Reis zubereiten, können Sie sich auch für Kochen oder Dünsten entscheiden.

Braten

Braten ist trockenes Garen bei starker Hitze. Dabei entstehen durch die Maillard-Reaktion an der Oberfläche des Bratgutes Verbindungen aus Eiweißen, Fetten und Zuckern, die für die Bräunung und den typischen Geschmack verantwortlich sind. Beim Braten von Fleisch muss durch die geeignete Wahl von Temperatur und Dauer dafür gesorgt werden, dass die bildende Kruste aromatisch, aber nicht zu dunkel wird und das Innere eine Temperatur erreicht, bei der das Kollagen des Bindegewebes, das das Fleisch zäh macht, sich zu Gelatine umwandeln kann, das Muskeleiweiß jedoch nicht so weit gerinnt, dass es das gesamte Wasser abgibt und das Fleisch hart und trocken wird.

Die Bildung einer aromatischen Kruste findet etwa bei 150 bis 200 Grad statt, die Umwandlung von Kollagen und Muskeleiweiß bei etwa 70 Grad. Ein Fleisch ist also dann gar, wenn es eine braune Kruste hat und die Kerntemperatur bei 70 Grad liegt. Je nach Zartheit gibt es natürlich Unterschiede. Größere Stücke sollten nach dem Braten etwas ruhen, das heißt bei deutlich unter 70 Grad warm gehalten werden, damit sich der Fleischsaft von innen nach außen verteilen und ein Temperaturausgleich zwischen Oberfläche und Innerem stattfinden kann.

Bei der Niedrigtemperaturmethode wird das Fleisch zunächst kurz in der Pfanne angebraten, damit sich Röststoffe bilden, und dann bei einer Temperatur von ca. 70–80 Grad im Ofen für wesentlich längere Zeit (3–4 Stunden) gegart als sonst üblich. Der Vorteil dabei ist, dass geeignete Fleischstücke auch nach Stunden im Ofen noch zart bleiben. Beim Braten von Gemüse mit geringem Eiweißanteil spielt das keine große Rolle, denn Bräunung und Aroma entstehen dort vor allem durch Karamelisierung.

Eiweiß wird durch Hitze fest. Beim Braten wird das gewürzte Fleischstück – ohne es vorher anzubraten – bei 180 bis 200 Grad im vorgeheizten Backofen gegart. Durch die Hitze entsteht von selbst eine aromatische Kruste. Nach einiger Zeit wenden Sie das Fleisch, geben das Gemüse und die Zwiebeln dazu, gießen etwas Flüssigkeit auf und achten darauf, dass alles schön braun und zugleich fertig ist. Auch Kartoffeln und frischer Rosmarin können so mitgegart werden. Moderne Öfen haben einen Temperaturfühler. Die Garzeit und Temperatur richten sich nach der Größe und Zartheit der Fleischteile. Empfehlenswert bleibt, das fertige Bratenstück im ausgeschalteten Ofen noch etwa 20 Minuten nachziehen zu lassen. Sie können auch etwas vom mitgegarten Gemüse mit der Flüssigkeit im Mixglas pürieren und haben so eine gut schmeckende Sauce, die nach Bedarf mit Gemüsebrühe verdünnt werden kann. Wenn Sie Fische im Ganzen zubereiten, können Sie bei kürzerer Garzeit ebenso vorgehen.

Überbacken und Gratinieren

Beim Gratinieren, Überbacken oder Überkrusten bildet die Oberfläche einer Speise durch starke Oberhitze (Strahlungswärme) eine braune Kruste, wobei sich aus Kohlenhydraten und Eiweiß Röstaromen entwickeln. Zum gelegentlichen Gratinieren ist ein normaler Backofen mit Oberhitze geeignet, in Restaurantküchen wird ein Salamander verwendet, ein offenes, elektrisch oder mit Gas betriebenes Gerät, in dem die Gerichte portionsweise schnell überbacken werden können. Beim Überbacken oder Gratinieren erhalten bereits gegarte Speisen durch kurze, aber starke Oberhitze eine aromatische Kruste. Die meisten neuen Backöfen haben bereits eine eingebaute

Oberhitze zum Gratinieren. Dieses Verfahren wird zumeist dort angewandt, wo nur die Oberfläche eine Kruste bekommen soll. Wenn Sie z. B. an ein Gemüse-, Fleisch- oder Fischgericht denken, welches mit etwas geriebenen Brotbröseln oder Käse gratiniert wird, um eine schöne hellbraune Kruste zu erzielen. Das hat den Vorteil, dass selbst zarteste Speisen weich und saftig bleiben, weil der Vorgang des Gratinierens nur kurze Zeit dauert. Beim Überbacken im traditionellen Backofen oder Umluftofen wäre die Zeit zu lange und ein Austrocknen unvermeidlich.

Gemüseaufläufe, Kartoffel- oder Nudelaufläufe können genauso gratiniert werden wie zarte Filets von Fischen, Medaillons oder andere Gusto-Fleischstücke. Auch das Antoasten von Brot ist nichts anderes als ein Gratinieren, wodurch das Eiweiß vom Brot leichter verdaulich wird.

Grillen

Grillen ist Braten in Wärmestrahlung. Es ist eine ursprüngliche Methode des Garens von Lebensmitteln – sie verlangt nur die Beherrschung des Feuers, benötigt aber kein Kochgeschirr. Als Wärmequelle dient Holzfeuer oder Holzglut, heute auch Gas, durch Gas erhitzte Steine oder elektrische Heizschleifen.

Vorsicht: Durch Fett, das in die Glut tropft, entsteht giftiges Benzopyren. Da beim Grillen die Temperatur nur intuitiv kontrollierbar und die Zugabe von Fett und Flüssigkeit nicht möglich ist, eignen sich nicht alle Lebensmittel gleich gut zum Grillen. Fleisch sollte nicht zu mager, Fisch von fettreichen und festfleischigen Arten sein, Gemüse und Pilze eignen sich mariniert am besten. Vom Braten in der Pfanne oder im Ofen unterscheidet es sich dadurch, dass für den Garprozess weder direkte Wärmeleitung noch Konvektion eine Rolle spielt. Das Grillen wurde immer schon als geeignete Alternative zum Fettsparen empfohlen. Das Arbeiten damit bleibt vor allem bei offenem Feuer über glühenden Holzkohlen eine Erfahrungs- und Gefühlssache.

- Sie sollten das Öl am Rost immer mit einem Pinsel auftragen, um die Menge zu beschränken.
- Das Feuer darf nicht so heiß sein, dass es eine scharfe Krustenbildung gibt.
- Das Feuer darf auch nicht zu schwach sein, sodass es zu einem Dünsten mit Saftverlust kommt.
- Weiterhin ist darauf zu achten, dass die Hitze höher gehalten werden muss, wenn es eine größere Menge an Fleisch gibt, weil die Abkühlung schnell erfolgt. Andernfalls kann die Hitze geringer gehalten werden, wenn Sie nur 1–2 Portionen auflegen.
- Achten Sie stets darauf, dass Sie eine leichte Farbgebung erhalten, dass das Gargut nicht zu krustig braun wird und immer saftig bleibt.

Es gibt im Handel verschiedene Grillgeräte. Wenn Sie gerne Calamari oder kleine Fische grillen, so ist im Haus ein Plattengriller empfehlenswerter als ein Gitterrost. Die kleinen Fische würden auch durchfallen. Der Rost eignet sich für größere Fische oder Fleischgerichte, die durch Drehen schön »gezeichnet« werden können bzw. ein Muster bekommen. Natürlich kann auch ein Rost mit Folie ausgelegt werden, damit kleinere Teile nicht durchfallen können. Es ist aber mit Plattengrillern immer einfacher, weil sie auch besser gereinigt werden können.

Achtung: Bitte das Grillgut nicht in Öl legen, erst kurz vor dem Auflegen mit Salz und Pfeffer würzen, keine frischen Kräuter draufgeben, die würden verbrennen, besser hinterher mit Kräuterpesto bestreichen. Bitte keine scharfen chemischen Mittel zum Reinigen verwenden, sondern mit einer Metallspachtel oder Drahtbürste die Krusten entfernen und mit Essigwasser gut reinigen. Danach mit ausreichend klarem Wasser nachschwemmen.

Schmoren

Schmoren ist eine Kombination der Garmethoden Braten, Kochen und Dünsten. Sie wird hauptsächlich für die Zubereitung von Fleisch angewendet, das eher langfasrig und bindegewebshaltig ist, und deshalb beim Braten zäh werden würde. Sie werden gut gewürzt kurz in Öl angebraten (Röststoffe), dann mit Flüssigkeit aufgefüllt und im Ofen zugedeckt geschmort, bis sie weich sind. Dabei wird das Bindegewebe in Gelatine verwandelt. Die gut gewürzte Flüssigkeit soll dabei langsam ins Garprodukt eindringen, um es schmackhaft und mürb zu machen. Es kann ein Rindsbraten mit Gemüse und Rotwein genauso geschmort werden wie ein Karpfen oder Aal.

Für das Schmoren werden eigene Gefäße mit etwas höherem Rand und Deckel angeboten z. B. auch ein Römertopf. Denn beim Schmoren im Backofen sollte die Flüssigkeit um das Garprodukt herum Platz haben, um aromatisch einwirken zu können. Wenn auf das Anbraten verzichtet wird, dann schmort man anfangs ohne Deckel, um dem Garprodukt Farbe zu geben, von Zeit zu Zeit bitte umdrehen. Wie beim Braten wird durch die trockene Ofenhitze vorerst bei 180 Grad Farbe erreicht, später sollten Sie die Temperatur absenken auf ca. 150 Grad. Statt der Rindsuppe nehme ich Gemüsebrühe zum Aufgießen und statt Fleischjus Basensauce oder Basensuppe. Die üblichen Zutaten für den Schmorsaft sind Wurzelgemüse mit Zwiebeln, Gewürzen und Kräuter.

Je nach Größe und Beschaffenheit der Fleischstücke kann man grobfasriges Fleisch bei ca. 120 Grad 2–3 Stunden schmoren, bis es eben weich ist, sich aber noch gut schneiden lässt. Achten Sie beim Schmoren darauf, dass zuerst möglichst lange in Gemüsebrühe geschmort wird, die besser eindringen kann als die gemixte Basensauce. Dann erst mit Basensuppe oder Basensauce auffüllen und zugedeckt weiterschmoren. Wenn die Stücke fertig sind und portioniert werden, sollte man sie in die abgeschmeckte Sauce geben, damit sie nicht austrocknen. Die Sauce sollte zuletzt mit frischen Kräutern, evtl. etwas Rahm, Salz und Pfeffer verfeinert werden. Es kann bei kurzer Garzeit natürlich auch Gemüse geschmort werden.

Beim Einkauf fängt alles an

Beste biologisch angebaute Lebensmittel und artgerecht gehaltene Nutztiere sind die Garanten unserer Gesundheit. Sie enthalten die meisten Nährstoffe. Wenn sie saisonal, heimisch und von der Sonne voll ausgereift sind, enthalten sie ein Maximum an Energie. Vermeiden Sie daher Lebensmittel, die lange Transportwege hinter sich haben, grün geerntet und später nachgereift werden. Gute Lebensmittel unterliegen einem natürlichen Verderb; wenn nicht, sind sie chemisch haltbar gemacht. Achten Sie darauf, dass keine Zusatzstoffe, Aromen, Farbstoffe oder Konservierungsmittel in Lebensmitteln enthalten sind. Beim Einkauf fängt alles an: Hier sind Sorgfalt und etwas Fachkenntnis unumgänglich. Sie können nichts Gutes und schon gar nichts Gesundes kochen, wenn die Qualität der Grundlebensmittel nicht stimmt. Oft ist weniger Qualität mal ganz abgesehen vom Nährstoffgehalt preislich sogar günstiger als bloße Quantität. Bevor Sie einkaufen gehen, vergewissern Sie sich bitte, was im Kühlschrank ist und verbraucht werden soll, damit das Kochen auch wirtschaftlich bleibt. Es ist wie in der Mode: Man kann vieles anders kombinieren, aber nichts neu erfinden.

MEHR WISSEN

Qualitätsmerkmale von biologischen Lebensmitteln

Produkte aus biologischer oder ökologischer Landwirtschaft sind das Beste an inhaltsreichen, energiespendenden Lebensmitteln. Es gibt zahlreiche Biobetriebe und Handelsketten mit Bioprodukten, die ständig kontrolliert werden. Einige Verbände: z. B. Bioland, Demeter, Naturland, Biopark, Bio Suisse oder Bio Austria. Unter Berücksichtigung der Ökologie und des Umweltschutzes werden auf Basis naturnaher Produktionsmethoden die Lebensmittel ohne Verwendung von

- synthetischen Pflanzenschutzmitteln, Pestiziden (Fungizide, Herbizide, Insektizide),
- Wachstumsförderern, synthetischen Düngemitteln,
- Gentechnik, Geschmacksverstärkern und Lebensmittelbestrahlung

hergestellt, wie sie in der konventionellen Landwirtschaft zum Einsatz kommen.

Fisch

Schadstoffbelastungen, Flussverbauungen, Erwärmung, Aussetzen gebietsfremder Arten und Austrocknung sind Gefahren für unsere Fische. Fische sind der Wasserqualität (Sauerstoffkonzentration, pH-Wert, Temperatur, gelöste natürliche und anthropogene Stoffe) über ihre Kiemen sehr direkt ausgesetzt und reagieren rasch und empfindlich auf Verschmutzungen. Am besten schmeckt wild gefangener Fisch, wo der Lebensraum stimmt, doch die Meeresbelastung wird zunehmend ein Problem. Auch bei Fischen aus Teichkulturen gilt: je besser die Haltung und Fütterung, desto besser der Geschmack und Nährwert. Fische aus sogenannten Aquakulturen werden meist mit Antibiotika versehen und mit Getreide als Mastfutter gefüttert, was zu mehr Fettanteil führt.

Der natürliche Fettanteil von Kaltwasserfischen wie Wildlachs lässt sich vom Nährwert und von den wertvollen Omega-3-Fettsäuren her wohl kaum mit Zuchtlachs vergleichen. Beim Eiweißgehalt gibt es zwischen Fisch und Fleisch keinen großen Unterschied (100 g = 20 g Eiweiß), die Verdaubarkeit von Fischeiweiß ist dennoch durch den geringen Bindegewebsanteil besser, sofern er natur zubereitet wird. Wenn Sie im Sinne der Kohlenhydratreduktion als Beilage viel Gemüse statt Reis, Nudeln, Kartoffeln und Brot essen, liegen Sie richtig.

Fleisch

Fleisch ist Skelettmuskulatur mit anhaftenden oder eingelagertem Fett, Bindegewebe sowie eingelagerten, kleineren tierischen Bestandteilen. Nach einer weiteren Definition für Fleischerzeugnisse umfasst es »alle Teile von geschlachteten oder erlegten warmblütigen Tieren, die zum Genuss des Menschen bestimmt sind«. In Deutschland liegt der durchschnittliche Verzehr von Fleischerzeugnissen und Wurstwaren bei Männern bei 105 Gramm pro Tag und bei Frauen bei 55 Gramm pro Tag.

Die Kochkunst unterscheidet zwischen rotem und weißem Fleisch, allerdings gibt es keine verbindliche Einteilung. Der Farbunterschied ergibt sich vorwiegend aus einem unterschiedlichen Gehalt an Myoglobin, einem Derivat des Hämoglobins. Dies ist für den Sauerstofftransport innerhalb des Muskels, vor allem zu den Muskelzellen (Myofibrillen) zuständig. Durch Hitze wird das Myoglobin zum sogenannten Met-Myoglobin denaturiert, wodurch gebratenes oder gekochtes Fleisch einen eher gräulichen bis graubraunen Farbton annimmt.

Die Fasern von Fleisch können längs, quer oder gekreuzt verlaufen, wobei der »gekreuzte« Verlauf aufgrund der geringen Faserabstände das Fleisch am zartesten macht. Längsfasern machen das Fleisch zäh. Nach der Schlachtung muss das Fleisch einen biochemischen Prozess (Abhängen) durchmachen, wodurch das Fleisch erst genießbar wird. Grundsätzlich sollte der Fleischkonsum reduziert werden. Pflege, artgerechte Haltung, Fütterung und Schlachtung sind auch hier entscheidend für biologisch hochwertiges Eiweiß. Vor allem aber merkt man die Qualität über den unvergleichlichen Geschmack der fertigen Speise. Bei Rindermast werden Hormone und gentechnisch veränderte Futtermittel verwendet. Die Herkunft ist wichtig, daher wird bei Biofleisch immer auf den Produzenten hingewiesen.

Wie der Mensch braucht auch das Tier Bewegung. Daher ist das Fleisch von einem frei gehaltenen Tier nicht vergleichbar mit einem Fleischprodukt aus dem finsteren Stall, wo es keine Sonne und keine Bewegung gibt. Hier können auch keine Biophotonen über die Sonne im Eiweiß gespeichert werden, was entscheidenden Einfluss auf Qualität und Geschmack hat. Bei Massentierhaltung kommen häufig chemische Zusatzstoffe zur schnellen Wachstumsförderung zum Einsatz. Nachdem diese Tiere anfällig für Stress und Krankheiten sind, werden vorbeugend Antibiotika oder andere Medikamente verabreicht. Der Wassergehalt ist höher und das Fleisch schrumpft beim Braten. Wild ist daher empfehlenswert.

Viele Religionen haben in Bezug auf den Verzehr von Fleisch Reglementierungen entwickelt. So ist im Judentum und Islam der Verzehr von Schweinefleisch untersagt. Im Hinduismus wird das Rind als heilig verehrt, viele verzichten im Glauben an die Wiedergeburt völlig auf Fleisch. Auch im Christentum haben sich Regelwerke entwickelt, wie der Verzicht auf Fleisch in der Osterwoche oder in der Fastenzeit. Vegetarier verzehren aus ethischen, gesundheitlichen und/oder ökologischen Gründen kein Fleisch.

Eier

Bei Eiern gilt es genauso wie bei allen anderen Lebensmitteln, auf Qualität zu achten. Legen Sie daher Wert auf artgerechte Tierhaltung und Fütterung. Bioeier schmecken einfach besser. Eier sind ein wichtiger und reichlicher Eiweißlieferant. Sie enthalten aber auch jede Menge anderer wertvoller Inhaltsstoffe. Insgesamt enthält ein Ei von etwa 50 Gramm Gewicht 76 Kalorien, 5,6 Gramm Fett und 6,45 Gramm Eiweiß. Außerdem liefert es unter anderem Eisen, Kalzium, Phosphor und viele Vitamine. Grundsätzlich sollte man darauf achten, dass Eier möglichst frisch verbraucht werden. Immer wieder gibt es vor allem Fälle von Salmonellenerkrankungen. Wie man frische und verdorbene Eier auseinanderhalten kann, zeigt der Wassertest. Je älter die Eier werden, desto geringer ist der Wasseranteil innerhalb des Eies und der Luftraum unter der Eischale wird größer. Wird ein Ei nun in ein Wasserglas gelegt, sinken die frischen Eier nach unten, die alten schwimmen oben. Die Cholesterinhysterie beim Eierverzehr scheint mittlerweile abgeflacht zu sein.

Obst

Obst ist ein Sammelbegriff der für den Menschen genießbaren Früchte und Samen von mehrjährigen Bäumen und Sträuchern, die zum größten Teil roh gegessen werden können. Die Einteilung erfolgt in

- Kernobst,
- Steinobst,
- Beerenobst,
- Schalenobst,
- Südfrüchte und
- exotische Früchte.

Ein geringer Kaloriengehalt, aber ein hoher Gehalt an Vitaminen, Mineralstoffen und Ballaststoffen ist uns sicher. Auch hier gilt: Saisonale Produkte, biologisch angebaut und von der Sonne voll ausgereift, haben den höchsten Nährwert. Gemüse und Obst sind basisch, neutralisieren Säure und enthalten verdauungsfördernde Ballaststoffe; zudem haben sie wenig Kalorien, sofern die Zubereitung stimmt. Vitamine, sekundäre Pflanzenstoffe, Mineralstoffe und Spurenelemente stecken ausreichend in guten Obst- und Gemüseprodukten.

Biologisch gezogenes Obst und Gemüse ist gesünder, weil es weniger belastet ist mit verschiedenen chemischen Pflanzenschutzmitteln und mit dem Saatgut sorgsamer umgegangen wird. Auch hier darf keine gentechnische oder chemische Veränderung, kein Kunstdünger und keine Bestrahlung eingesetzt werden. Produziert werden sie nicht nur fürs Auge, wie das häufig bei konventionellem Anbau der Fall ist, sondern hier wird geachtet auf Umweltschutz, Geschmack und innere Wertigkeit. Fast jeder von uns hat seine Lieferanten des Vertrauens, die man zumeist auch kennt. Ansonsten gibt es auch die Gütezeichen für den biologisch wirtschaftenden Bauern.

Gemüse

Die Unterscheidung von Obst und Gemüse ist nicht immer eindeutig. Im Unterschied zu Obst ist Gemüse für gewöhnlich einjährig. Während Obst üblicherweise roh verzehrt werden kann, muss Gemüse vor dem Verzehr meist anderweitig zubereitet werden. Gemüse ist ein Sammelbegriff für essbare Pflanzenteile. Gemüse ist kalorienarm, versehen mit reichlich Vitaminen, Mineralstoffen, ätherischen Ölen und Ballaststoffen, daher auch wichtig für die Verdauung.

Feldgemüse wird unter freiem Himmel angebaut. Ernährungswissenschafter der Universität Hamburg fanden heraus, dass viele wichtige Nährstoffe wie Vitamin C durch die Tiefkühlung auch nach vier Monaten in hohem Maße erhalten waren, während sie im frischen Gemüse bereits nach 24 Stunden Lagerung im Kühlschrank sehr rasch abnahmen.

Kräuter und Gewürze

Rund 15 000 essbare Wildpflanzen gibt es in Europa. Als Küchenkräuter werden Pflanzen bezeichnet, deren Blätter und Blüten frisch oder getrocknet als Gewürz Verwendung finden. Unter Gewürzen werden Teile von Pflanzen verstanden, die wegen ihres natürlichen Gehalts an Geschmacks- und Geruchsstoffen als würzende oder geschmacksgebende Zutaten bei der Zubereitung von Speisen aller Art eingesetzt werden. Sie sind auch Grundlage für Arzneimittel. Salz ist in diesem Sinne kein Gewürz. Mit frischen Kräutern muss man sorgsam umgehen. Sie haben viele verschiedene Wirkungen und bestehen aus sehr flüchtigen Geruchs- und Geschmacksstoffen, die man als ätherische Öle bezeichnet.

Mit ihren bioaktiven Substanzen und Bitterstoffen wird die Verdauung unterstützt. Bitterstoffe aktivieren die Verdauungssäfte. Mit vielen zarten Frischkräutern werden die Speisen erst kurz vor dem Anrichten geschmacklich abgerundet. Grobstieliger Thymian und Rosmarin können wie sämtliche getrocknete Kräuter länger mitgebraten oder mitgekocht werden, damit sie ihre Aromen voll entfalten. Auch bei Kräutern und Gewürzen bestimmt der biologische Anbau die Qualität. Auf Vorrat kann man frische Kräuter trocknen oder gut zerkleinert einfrieren. Am besten schmecken sie aber, wenn Sie sie mit bestem Pflanzenöl und Salz wie ein Pesto im Cutter zerkleinern, in Gläser mit Schraubverschluss füllen und gut gekühlt über Wochen in den Kühlschrank stellen. Darüber wurde bereits im Buch »Milde Ableitungsdiät« berichtet.

Getreide

Getreide bilden die Nahrungsgrundlage eines Großteils der Menschheit. Wir unterscheiden Sommer- und Wintergetreide. Sie sind zum einen Grundnahrungsmittel (Reis, Weizen, Mais, Hirse, Roggen, Hafer) und werden zum anderen auch als Viehfutter genutzt (vor allem Gerste, Hafer, Mais, Triticale). Wir kennen Dinkel, Einkorn, Emmer, Hartweizen, Kamut, Waldstaude, Roggen, Quinoa, Grünkern. Das vollwertige Getreide ist unser wertvollster pflanzlicher Eiweißträger (auf 100 Gramm kommen rund 10 Gramm Eiweiß). Leider ist jedes Getreide säureüberschüssig, daher ist die Kombination mit Gemüse so bedeutend. Und auch hier ist der biologische Anbau maßgebend für beste Qualität. Getreide ist aber auch ein Kohlenhydratträger, liefert Fett, Mineralstoffe, Vitamine und die wichtigen Ballaststoffe. Diese sorgen in einem vernünftigen Maß für bessere Darmausscheidung. Damit alle Inhaltsstoffe des Getreides von uns auch optimal verwertet werden können, ist auf die individuelle Verdauungsleistung besonders zu achten. Nicht immer und nicht für jeden ist Vollkorngetreide empfehlenswert. Daher sind die Auswahl des Getreides und die bekömmliche Zubereitung ganz wichtig.

Vollkornreis ringt uns beispielsweise besonders hohe Verdauungsaktivität ab. Und manchmal ist auch eine Mischung mit Weißmehl zur Verdauungserleichterung empfehlenswert, manchmal empfiehlt sich glutenfreies Getreide. Weißmehlprodukte werden aber im Krankheitsfall besser vertragen. Jeder von uns kennt einen wohltuenden, warmen Haferbrei als leichte Krankenkost. Am idealsten ist, das Getreide in der Getreidemühle kurz vor Verwendung frisch und fein zu mahlen. Dadurch hat es die ideale Backtemperatur, enthält am meisten Nährstoffe und hat den besten Geschmack.

Beachten Sie aber bitte, dass Getreide Insulin benötigt, um den Zucker zu den Zellen zu bringen, gleichzeitig wird aber durch das Insulin auch die Fettverbrennung behindert. Daher ist eine Reduktion des Getreidekonsums ratsam, denn ein Zuviel an Kohlenhydraten wird in Fett umgebaut. Senken Sie daher die Gesamtenergiemenge des Tages auf ca. 40 % Kohlenhydrate, 30–35 % Fett und 20–25 % Eiweiß.

Nüsse, Samen und Kerne

Cashewnuss, Erdnuss, Haselnuss, Kokosnuss, Macadamia, Mandel, Pistazie, Walnuss – sie alle sind sehr energiereich durch ihren hohen Anteil an Fett, Eiweiß und Kohlenhydraten, haben aber in einer gesunden Ernährung einen großen Stellenwert. Sie enthalten reichlich Kalium, Magnesium, Kalzium, viel Eisen, Phosphor, Kupfer, Zink, Beta-Karotin, fast alle B-Vitamine, Vitamin A, C, E, aber auch bioaktive Phenolsäuren. Schon wegen der günstigen Omega-3-Fettsäuren sind z. B. Walnüsse sehr empfehlenswert. Eine Handvoll Walnüsse lässt die Leistungskurve von Schülern, Studenten und anderen Kopfarbeitern schnell wieder ansteigen. Es gibt also viele gute Gründe, öfter mal eine Walnuss zu knacken! Aber Achtung: Eine Handvoll Nüsse hat nahezu den gleichen Kalorienwert wie eine warme Mahlzeit.

Auch Kürbiskerne, Pinienkerne, Sonnenblumenkerne, Sesam und Leinsamen sind höchst wertvoll. Sie enthalten neben ätherischen Ölen noch Phytosterine, die Vitamine A, E und der B-Gruppe, reichlich Zink, Phosphor, Eisen und Magnesium.

Milch und Milchprodukte

Milch enthält alle Makro- und Mikronährstoffe des Lebens. Sie gilt deshalb als Königin der Lebensmittel. In der Milch sind Kohlenhydrate (Laktose, Galaktose, Glukose), Eiweiße (Caseine), Vitamine und Spurenelemente (Kalzium für Knochenaufbau) gelöst, allerdings von Tierart zu Tierart unterschiedlich. Der pH-Wert von Milch schwankt zwischen 6,5 für Frischmilch bis zu 4,5 bei Sauermilch. Großen Einfluss auf die Qualität haben Haltung und Fütterung der Tiere. Wir kennen Milch und Milchprodukte hauptsächlich von der Milchkuh, aber auch die von Schaf und Ziege sowie Stutenmilch, Eselsmilch, Milch von Rentieren, Kamelen und Milch des Wasserbüffels.

Die unbehandelte Rohmilch oder Vorzugsmilch ist die beste und darf nur vom Hof des Erzeugers verkauft werden. Danach kommt die wärmebehandelte Landmilch und Vollmilch. Milch und die Vielzahl der daraus hergestellten Produkte (Sahne, Butter und Buttermilch, Käse, Sauermilchprodukte) sind ideale Lebensmittel mit hoher Nährstoffdichte. Besondere Bedeutung hat das Milcheiweiß: Es ist biologisch hochwertig und enthält viele essenzielle Aminosäuren. Durch die Kombination von Milchprodukten mit pflanzlichen Lebensmitteln wie Brot, Kartoffeln oder Nudeln in einer Mahlzeit wird die Eiweißwertigkeit zusätzlich erhöht. Diesen Umstand können sich Vegetarier, die kein Fleisch und keinen Fisch essen möchten, zunutze machen, um eine ausreichende Versorgung mit hochwertigem Eiweiß zu sichern.

Milchprodukte haben einen hohen Stellenwert als Kalzium-Quelle. Etwa 1 Gramm Kalzium benötigen wir pro Tag, um den Aufbau und Erhalt von Knochen und Zähnen zu gewährleisten. Ohne Zufuhr von Milch und Milchprodukten ist diese Menge nur sehr schwer zu erreichen.

Milchzucker (Laktose) ist ein Kohlenhydrat und neben Wasser der Hauptbestandteil der Milch. Zum Abbau des Milchzuckers benötigt man das Enzym Laktase. Ein Mangel an Laktase, der bei Erwachsenen in weiten Teilen Afrikas und Asiens vorhanden ist, führt zu Unverträglichkeitsreaktionen (Durchfall, starke Blähungen). In Zentraleuropa ist dieser Enzymmangel eher selten. Die Milchzuckerunverträglichkeit (Laktoseintoleranz) ist keine Milchallergie und Betroffene vertragen problemlos Milchprodukte mit keinem bis einem geringen Laktosegehalt, wie z. B. Butter und Hartkäse.

Käse und Co.

Geschichtlich gesehen gab es zuerst den Ziegen-, dann den Schafs- und zuletzt den Kuhmilchkäse. Käse wird heute im Gegensatz zu früheren Zeiten überwiegend aus Kuhmilch hergestellt, es gibt aber nach wie vor auch Käse aus Schafs- und Ziegenmilch. Guter Mozzarella wird originär aus Büffelmilch hergestellt, für die Massenproduktion nimmt man Kuhmilch. Für die Herstellung von 1 Kilogramm Käse werden je nach Käsetyp zwischen 4 und 12 Liter Milch benötigt. Wir unterscheiden zwischen Sauermilchkäse, Labkäse und Molkenkäse: abhängig von der Art der verwendeten Milch (etwa von Schaf, Ziege oder Kuh), deren Vorbehandlung (Pasteurisierung, Bakterien usw.) und möglichen Zusätzen wie Salz, Gewürzen, Bakterien. Und mithilfe von Pilzkulturen, durch die Nachbehandlung mit Salzlake oder Schimmel, durch die Reifebedingungen (Temperatur, Feuchtigkeit, Folienreifung usw.) und die Reifedauer entstehen geschmacklich wie auch in Konsistenz und Aussehen sehr unterschiedliche Käse.

Checkliste für den Umgang mit gesunden Lebensmitteln

Einkauf

- Möglichst heimische Lebensmittel entsprechend der Jahreszeit kaufen.
- Der Bauernmarkt bietet generell saisonbezogene, frische Produkte an.
- Von der Sonne gereiftes Obst und Gemüse schmecken am besten und haben am meisten Energie.
- Qualität wird über Anbauweise, Pflege, Haltung und Fütterung erreicht.
- Fleisch und Produkte vom Biobauern schmecken besser und bringen mehr Geschmack und Energie.
- In Supermärkten auf deklarierte Herkunft und Produzentenadressen achten, keine Produkte mit Zusatzstoffen, Aromen, Farbstoffen oder Konservierungsmitteln kaufen.
- Frischer Fisch ist auf Eis schon einige Tage unterwegs und nicht immer frisch. Auch die Fütterung ist entscheidend für den Geschmack. Wildfisch schmeckt am besten.
- Frei gezogene Paprika und Tomaten schmecken am besten und haben Sonnenenergie.

Zubereitung

- Höchste Qualität an Lebensmitteln, optimale Zubereitung und Bekömmlichkeit sowie maximale Geschmackserlebnisse müssen das Ziel sein, sonst brauchen wir nicht über Gesundheit zu sprechen.
- Damit Energie in den Lebensmitteln erhalten bleibt, ist eine wertschonende Zubereitungstechnik entscheidend.
- Kaltgepresste, hochwertige Pflanzenöle nicht zum Kochen nehmen, sondern für Salate, Dips, Saucen und zum Aufwerten gekochter Speisen.
- Zum Anbraten von Fisch nehmen Sie Olivenöl, für Fleisch Rapsöl. Messen Sie das Öl vorerst mit einem Teelöffel = 3 Gramm Fett oder mit einem Esslöffel = 5 Gramm Fett. So bekommen Sie ein Gefühl für den reduzierten Fettverbrauch.
- Verwenden Sie eine Wokpfanne als fettsparenden Kochtopf.
- Zum Schneiden ist am besten ein Porzellanmesser, es schützt vor Oxidation.
- Zum Mahlen von sämtlichen getrockneten Gewürzen verwenden Sie am besten kleine Gewürzmühlen.
- Vollwertgetreide wird kurz vor Gebrauch in der Getreidemühle frisch und fein gemahlen.
- Frischkräuter den Speisen zuletzt zugeben. Mit Öl und Salz gemixt halten sie gut einige Tage im Kühlschrank. Frische Kräuter wie Kerbel in Alufolie einschlagen und kühlen.
- Für Kältetypen die Speisen länger kochen, für Hitzetypen roh oder kurz kochen.
- Kristallines Meersalz ist ein guter Informationsträger. Die Chinesen legen es in die Sonne, um damit die Energie der Sonne aufzunehmen.
- Als Getränk nehmen Sie einen großen Krug mit Wasser und geben Sie ganze Zweige von Zitronenmelisse, Minze, 2–3 Orangen- und Zitronenscheiben hinein.
- Verwenden Sie statt der Mikrowelle ein Dampfgerät ohne Druck – zum Garen von Gemüsen und zum Warmmachen von fertig gekochten Speisen.
- Der Genuss steht an vorderster Stelle: »Was gesund ist, muss auch gut schmecken und gut tun! Genießer leben länger!«

Gesunde und wertvolle Rezepte

Gesunde Rezepte müssen gut schmecken, damit sie auch täglich praktiziert werden. Dabei sind die Sorgfalt bei der Auswahl und die bekömmliche Zubereitung das Entscheidende. Nettes Anrichten auf schönen Tellern und Essen auf einem schön gedeckten Tisch gehören dazu. Da diese Kapitel in meinen anderen Büchern schon ausreichend behandelt wurden, beschränke ich mich hier rein auf den praktischen Teil. Beste Qualität setze ich voraus und ebenso das Achten auf die richtige Jahreszeit.

Durststillende Getränke

Die regelmäßige Zufuhr von Wasser ist für unseren Kreislauf lebensnotwendig. Wir brauchen im Normalfall pro Tag 2–3 Liter Flüssigkeit, bei sportlichen Aktivitäten bis zu 10 Liter. Damit ist das Trinken von bestem Quellwasser bzw. Leitungswasser gemeint, von dünn gebrühten Kräutertees oder auch stillen Mineralwässern. Servieren Sie Wasser in einem schönen Glaskrug mit ein paar Steinen und frischen Kräutern. Das animiert zum Trinken zwischendurch. Trinken Sie auch zwischen den Mahlzeiten.

Erfrischendes Leitungswasser

Zutaten

Verwenden Sie Bioprodukte:

- 1 l Leitungswasser
- 3 lange Zweige Minze oder Zitronenmelisse
- 2–3 dicke Zitronen- und Orangenscheiben

Pro Portion:
kcal 0 • KH 0 • EW 0 • F 0

Zubereitungszeit: ca. 5 Minuten • 1 Liter

» Der einfachste Erfrischungsdrink für den Alltag ist ein Glaskrug mit kaltem Leitungswasser, versetzt mit 2–3 Stielen frischer Minze oder Melisse, mit 2–3 dickeren, halbierten Orangen- und Zitronenscheiben. Alles in einen großen Glaskrug geben und 1 Stunde stehen lassen, damit das Wasser Geschmack nimmt. Sie können auch Apfelspalten und frischen Ingwer nehmen.

Lebensmittelverträglichkeit

- L Laktosefrei
- F Orangenscheiben und Apfelspalten weglassen
- G Glutenfrei
- H Zitronen- und Orangenscheiben weglassen
- GI ☺
- GL ☺

Tipp

Lachender Smiley = fast kohlenhydratfrei
Trauriger Smiley = enthält Kohlenhydrate

Obstdrink oder Saftwasser

Zubereitungszeit: ca. 5 Minuten • 1 Liter

» Die gepressten Obstsäfte und Zweige mit möglichst langem Stiel in einen Glaskrug geben und mit Leitungswasser auffüllen. Sie können auch 3 EL guten Melissen- oder Holundersaft bzw. alle anderen guten Obst- und Beerensäfte unterrühren.

Lebensmittelverträglichkeit

- L Laktosefrei
- F Nicht geeignet!
- G Glutenfrei
- H Nicht geeignet!
- GI ☺
- GL ☺

Zutaten

Verwenden Sie Bioprodukte:
1 l Leitungswasser
Saft von 2 Orangen und 1 Zitrone
3 lange Zweige Zitronenmelisse oder Minze

Pro Portion:
kcal 23 • KH 4,5 • EW 0,4 • F 0

Dünn gebrühter Kräutertee

Zubereitungszeit: ca. 5 Minuten • 1 Liter

» Das siedende Wasser in eine Teekanne geben, die frischen oder getrockneten Teeblätter mit einem Sieb einhängen und ca. 5 Minuten ziehen lassen. Kann nach Wunsch auch mit ein paar Tropfen Orangen-Zitronen-Saft und 1 EL Honig angereichert werden

Lebensmittelverträglichkeit

- L Laktosefrei
- F Honig weglassen
- G Glutenfrei
- H Orangen-Zitronen-Saft und Honig weglassen
- GI ☺
- GL ☺

Zutaten

Verwenden Sie Bioprodukte:
1 l abgekochtes Leitungswasser
1 EL getrocknete Biokräuter (Zitronenmelisse, Anserine, Lindenblüte, grüner Tee) oder 2–3 EL frische Kräuter (Minze, Melisse, Rosmarin, Salbei, Schafgarbe)

Pro Portion:
kcal 0 • KH 0 • EW 0 • F 0

Apfeltee mit Ingwer

Zutaten

Verwenden Sie Bioprodukte:
- 1 TL frischer Ingwer
- 1 l Leitungswasser
- Schalen von 2–3 Äpfeln
- 3 Nelken
- 1 Stück Zimtrinde
- 1 EL Honig

Pro Portion:
kcal 25 • KH 6,0 • EW 0 • F 0

Zubereitungszeit: ca. 5 Minuten • 1 Liter

» Ingwer mit Schale klein schneiden. Alles mit kaltem Wasser übergießen, einmal aufkochen und 20 Minuten ziehen lassen. Vom Herd nehmen, Honig einrühren, abseihen und warm trinken.

Lebensmittelverträglichkeit

- L Laktosefrei
- F Apfelschalen und Honig weglassen (stattdessen je ½ EL Zucker und Traubenzucker)
- G Glutenfrei
- H Brauner Zucker statt Honig
- GI ☺
- GL ☺

GETRÄNKE

Basen-Gemüsebrühe

Zutaten

Verwenden Sie Bioprodukte:

500 g	frisches Gemüse nach Jahreszeit z. B. Karotten, Sellerieknolle, Stangensellerie mit Grün, gelbe Rüben, Fenchelknolle
4 l	Wasser
1	Bund Liebstöckel
4	Lorbeerblätter
je 2	Zweige Rosmarin, Thymian, Minze, Oregano
1 TL	Meersalz

Pro Portion:
kcal 0 • KH 0 • EW 0 • F 0

Zubereitungszeit: 30 Minuten • 6–8 Portionen

» Das Wurzelgemüse samt Schale gut reinigen und klein schneiden. Mit kaltem Wasser aufgießen (für Gemüsebouillon nur 2 Liter), Gewürze sowie Kräuter zugeben und ca. 30 Minuten mehr ziehen als kochen lassen. Die jeweils benötigte Menge durch ein feines Haarsieb seihen und warm trinken. Die restliche Brühe mit dem Gemüse im Topf kühl stellen, sie hält so 2–3 Tage.

Tipp

Cola und Limonaden-Industriegetränke sind wegen ihres hohen Zuckergehalts und ihrer Geschmacksbeifügungen nicht zu empfehlen. Alle frischen Obst-Gemüse-Säfte und Milchshakes oder Cocktails sind keine freien Flüssigkeiten und daher nicht geeignet als Durstlöscher. Sie müssen erst verdaut werden und sind daher kalorisch wie eine Zwischenmahlzeit zu sehen.
Natürlich ist auch gegen ein Glas Bier oder guten Wein nichts einzuwenden, wenn es dem kontrollierten Genuss dient und nicht als durstlöschendes Getränk, sondern als kleine kalorienliefernde Mahlzeit gesehen wird.

Lebensmittelverträglichkeit

- L Laktosefrei
- F Karotten weglassen
- G Glutenfrei
- H Histaminfrei
- GI ☺
- GL ☺

Das gesunde Frühstück

Der optimale Tag beginnt mit der optimalen Einstellung und mit einem gesunden Frühstück voller Energie. Am Morgen sind wir ausgeruht, daher haben wir die optimale Verdauungsleistung. Rohkostmüsli, Gemüse, Obst und Säfte sind möglich, genauso aber auch gekochte Getreidebreie mit hochwertigen Pflanzenölen als Energie- bzw. Leistungs- und Konzentrationsspender für einen guten Tagesbeginn. Vollwertbrot oder Gebäck, Butter, Honig, etwas Aufstrich, guter Schinken, Wurst, Ei und Käse sorgen für Abwechslung. Zum Frühstück ist gegen eine Tasse Bohnenkaffee mit Milch nichts einzuwenden, es stehen aber auch sämtliche Getreidekaffees und Kräutertees zur Auswahl. Bei Brot und Gebäck sollten Sie aber generell zurückhaltender sein. Versuchen Sie vorerst mit der halben Menge Brot auszukommen, und wenn das gelingt, halbieren Sie die Menge noch einmal. Zwischendurch kann man auch ohne Brot auskommen, denn Eiweiß sättigt gut. Die Fettverbrennung wird es Ihnen danken. Achten Sie darauf, dass Sie bis zum Mittagessen 4–6 Stunden nichts essen, damit die Fettverbrennung funktioniert.

Wenn Sie das Verlangen nach länger anhaltender Wärme haben, dann sollten Sie sich für einen energie- und kraftspendenden Getreidebrei entscheiden. Sämtliche Milcharten sowie alle frisch gemahlenen Getreidesorten oder Flocken eignen sich dazu. Angereichert wird mit Ingwer, etwas Honig, Obstwürfeln oder Trockenfrüchten, veredelt mit 1 EL bestem Pflanzenöl.

Gekochter Getreidebrei

Zutaten

Verwenden Sie Bioprodukte:

je $^1/_8$ l Milch und Wasser
3 EL Dinkel- oder Maisgrieß (oder 40 g Getreideflocken)
1 TL Honig
etwas Salz
1 EL bestes Leinöl

Pro Portion:
kcal 153 • KH 24,4 • EW 3,9 • F 4,2

Zubereitungszeit: 5 Minuten • 2 Portionen

» Milch und Wasser aufkochen, salzen, Grieß einrühren, aufkochen, zur Seite stellen, zudecken und 10 Minuten nachquellen lassen. Eventuell verdünnen, dann Honig und Öl unterrühren.

Lebensmittelverträglichkeit

- L Laktosefreie Milch
- F Honig weglassen
- G Mais-, Reis-, Hirse- oder Buchweizenmehl statt Dinkel- oder Maisgrieß
- H Histaminfrei
- GI ☺
- GL ☺

Obst-Getreide-Müsli

Zutaten

Verwenden Sie Bioprodukte:

- 2 EL Getreideflocken
- $^1/_4$ l Naturjoghurt
- 150 g Obst und Beeren nach Saison
- 1 EL hochwertiges Pflanzenöl
- 50 g grob gehackte Walnüsse

Pro Portion:
kcal 336 • KH 20,5 • EW 9,0 • F 21,4

Zubereitungszeit: 5 Minuten • 2 Portionen

» Das Obst klein schneiden, mit allen Zutaten gut vermischen, in zwei Gläsern anrichten und dekorieren. Sie können auch 2 EL Hüttenkäse oder frischen Schafsquark dazumischen oder frisch gemahlenes Getreide statt Flocken verwenden.

Tipp

Wenn Sie zu jenen Menschen gehören, die genug innere Hitze haben, dann essen Sie ein leicht kühlendes, kaltes Obst-Getreide-Müsli. Nehmen Sie dafür gut gereiftes, heimisches Obst der Saison. Der Naturjoghurt sollte von ausgesuchter Qualität sein. Probieren Sie auch einmal Schafs- oder Ziegenjoghurt aus. Mit 1–2 EL Leinöl schmeckt dieser besonders gut.

Lebensmittelverträglichkeit

- L Laktosefreier Joghurt
- F Melone oder Mandarine statt Beeren oder sonstiges Obst
- G Flocken von Hirse, Amaranth, Quinoa statt Getreideflocken
- H Beeren und Walnüsse weglassen
- GI ☺
- GL ☺

AUFSTRICH

Schafskäse-Oliven-Aufstrich

Zutaten

Verwenden Sie Bioprodukte:

- 200 g Tofu natur
- 100 g guter Schafskäse
- 150 g entsteinte, grüne Oliven
- 3 EL hochwertiges Olivenöl
- Meersalz, Pfeffer

Pro Portion:
kcal 135 • KH 2,2 • EW 7,7 • F 11,1

Zubereitungszeit: ca. 10 Minuten • 4 Portionen

» Oliven im Cutter fein zerhacken. Den geschnittenen Schafskäse, Tofu und Olivenöl zugeben und nochmals kräftig mixen. Mit Salz und Pfeffer abschmecken. Hält sich einige Tage im Kühlschrank. Ist die Konsistenz zu dick, verdünnen Sie mit Wasser.

Lebensmittelverträglichkeit

- L Laktosefreier Schafskäse
- F Fruktosefrei
- G Glutenfrei
- H Frische statt eingelegte Oliven, frischer Schafskäse
- GI ☺ GL ☺

Topfen-Leinöl-Creme

Zutaten

Verwenden Sie Bioprodukte:

- 100 g Magerquark
- 100 g Gervais
- 4 EL hochwertiges Leinöl oder Hanföl
- 1 EL frische Gartenkräuter, gehackt
- etwas Salz
- 3 EL Wasser

Pro Portion:
kcal 170 • KH 1,4 • EW 5,5 • F 12,5

Zubereitungszeit: 5 Minuten • 2 Portionen

» Topfen und Gervais mit Öl, Salz und Wasser zu einem geschmeidigen Aufstrich verrühren. Die Frischkräuter untermischen.

Tipp

Hält gekühlt einige Tage, muss aber immer wieder verdünnt werden. Kann zusätzlich mit 2–3 EL Avocadopüree, Mandelmus oder Walnusspüree gemischt werden – eine ideale Öl-Eiweiß-Kombination.

Lebensmittelverträglichkeit

- L Laktosefreier Quark
- F Fruktosefrei
- G Glutenfrei
- H Avocado- und Walnusspüree weglassen
- GI ☺ GL ☺

Geräucherte Fischmousse

Zubereitungszeit: ca. 10 Minuten • 4 Portionen

» Alle Zutaten im Cutter zu einer feinen Masse verarbeiten und gut abschmecken.

Lebensmittelverträglichkeit

- L Laktosefreie Sahne
- F Fruktosefrei
- G Glutenfrei
- H Frischer statt gelagerter Lachs oder Thunfisch
- GI ☺
- GL ☺

Zutaten

Verwenden Sie Bioprodukte:

100 g Thunfisch (in Wasser eingelegt)
150 g geräuchertes Forellenfilet
80 ml Sahne

Pro Portion:
kcal 132 • KH 0,0 • EW 13,8 • F 8,3

Geflügelmousse

Zubereitungszeit: ca. 10 Minuten • 4 Portionen

» Putenfleisch in kleine Würfel schneiden und im Cutter fein pürieren. Sahne zugeben und noch mal zu einer geschmeidigen Creme aufmixen. Mit Pfeffer nachwürzen.

Lebensmittelverträglichkeit

- L Laktosefreie Sahne
- F Fruktosefrei
- G Glutenfrei
- H Frische statt geräucherte Putenbrust
- GI ☺
- GL ☺

Zutaten

Verwenden Sie Bioprodukte:

250 g mild geräucherte Putenbrust
150 ml Sahne
gemahlener Pfeffer

Pro Portion:
kcal 181 • KH 0,0 • EW 15,9 • F 12,5

AUFSTRICH

Schnell gekochte Marmelade

Zutaten

Verwenden Sie Bioprodukte:

500 g frische oder tiefgefrorene Aprikosen, Erdbeeren oder Himbeeren (bei gefrorenen Früchten diese gut abtropfen lassen)

80 g Roh-Rohrzucker oder Honig

Pro Portion:
kcal 33,4 • KH 7,6 • EW 0,3 • F 0,0

Zubereitungszeit: ca. 10 Minuten • 1 Glas mit Schraubverschluss

» Die klein gewürfelten Früchte mit dem Zucker oder Honig mischen und in einer Kasserolle nur kurz aufkochen, vom Herd nehmen und zugedeckt etwa 5–10 Minuten nachdünsten lassen.

» Im Mixer dicklich pürieren und in kleine Gläser mit Schraubverschluss füllen. Abkühlen lassen und im Kühlschrank aufbewahren. Hält 3–4 Wochen ohne Zusatzmittel.

Tipp

Sie können auch etwas Apfelgeliermittel zugeben. Mit Zitronen-, Orangen- oder Apfelsaft und evtl. einem Schuss Weinbrand ergibt sich ein guter Geschmack.

Lebensmittelverträglichkeit

- L Laktosefrei
- F Papaya, Rhabarber oder Honigmelone statt Aprikosen, Erdbeeren oder Himbeeren, Honig, Geliermittel und Saft (Tipp) weglassen.
- G Glutenfrei
- H Erdbeeren und Honig weglassen
- GI ☺
- GL ☺

WECK

Brot und Gebäck aus Vollwertmehl

Kaufen Sie Biogetreide und eine kleine Getreidemühle. Mahlen Sie das Getreide erst dann, wenn Sie es brauchen. Das garantiert besten Geschmack und das Optimum an Inhaltsstoffen. Statt Hefe geht auch Weinstein-Backpulver. Und: Alle Gebäckstücke können gut auf Vorrat gemacht und eingefroren werden. Beachten Sie bitte auch bei allen Vollkornbroten und Gebäckstücken den hohen Kohlenhydratanteil, der deutlich reduziert werden sollte. Roggen ist günstiger als alle anderen Getreidesorten.

Roggen-Dinkel-Brot

Zutaten

Verwenden Sie Bioprodukte:

je 300 g	Roggen- und Dinkelmehl
400 ml	warmes Wasser
1	Würfel (42 g) frische Hefe oder Trockenhefe
4 EL	Sonnenblumenkerne
1 TL	Meersalz

Pro Portion:
kcal 61 • KH 10,4 • EW 2,1 • F 1,2

Zubereitungszeit: ca. 1 Stunde • 1 kg Brot oder 20 Portionen à 50 g

» Den Ofen auf 200 Grad vorheizen. Alle Zutaten in eine Rührschüssel geben und gut durchkneten. Den Teig herausnehmen, mit etwas Mehl noch mal durchkneten, in ein kleines, gut bemehltes Brotkörbchen drücken (oder auf dem Blech ein Brot formen) und ½ Stunde mit einem Tuch zugedeckt gehen lassen. Auf ein bemehltes Backblech stürzen und 45 Minuten backen. Auf einem Gitter auskühlen lassen.

Tipp

Dieses Brot schmeckt auch prima mit Walnüssen, Kürbiskernen, Küchenkräutern, verschiedenen Mehlen, Gewürzmischungen. Bei Sauerteigbrot wird die Hefe eingespart und die 300 g Roggenmehl mit 1 EL Buttermilch und 200 ml Wasser vermischt und in der Küche 24 Stunden stehen gelassen.

Lebensmittelverträglichkeit

- L Laktosefreie Buttermilch (Tipp)
- F Fruktosefrei
- G Quinoa, Amaranth, Buchweizen statt Roggen- und Dinkelmehl
- H Sauer- statt Hefeteig, Walnüsse und Kürbiskerne (Tipp) weglassen
- GI ☺
- GL ☺

Schnelle Brotfladen

Zutaten

Verwenden Sie Bioprodukte:

500 g	Dinkel- oder Weizenvollwertmehl
ca. 1/2 l	Mineralwasser oder Wasser
1 TL	Meersalz
4 EL	Sonnenblumenkerne

Pro Portion:
kcal 156 • KH 28,7 • EW 5,3 • F 2,1

Zubereitungszeit: ca. 25 Minuten • 12 Portionen

» Ofen auf ca. 200–220 Grad – je nach gewünschter Farbgebung – vorheizen. Alle Zutaten gut verrühren und 10 Minuten stehen lassen. Backbleche mit Fettpapier auslegen.

» Mithilfe eines befeuchteten Esslöffels pro Blech vier sehr dünne Brotfladen ausstreichen, mit Sonnenblumenkernen bestreuen und 20 Minuten backen. Darauf achten, dass sie eine schöne braune Farbe bekommen (Hitze regulieren). Auf einem Gitter erkalten lassen.

Tipp

Sie können dazu verschiedene Mehle nehmen. Unter den Teig können Sie Küchenkräuter, gehackte Samen, Nüsse, angerösteten Knoblauch oder Zwiebeln mischen.

Lebensmittelverträglichkeit

- L Laktosefrei
- F Evtl. Zwiebeln (Tipp) weglassen
- G Buchweizen, Amaranth oder Quinoa statt Dinkel- oder Weizenvollwertmehl
- H Nüsse (Tipp) weglassen
- GI ☺
- GL ☺

Briochegebäck

Zubereitungszeit: ca. 20 Minuten • 15 Portionen

» Den Ofen auf ca. 200–220 Grad vorheizen. Alle Zutaten in eine Rührschüssel geben und gut durchkneten. Den Teig herausnehmen und mit etwas Mehl durcharbeiten. Mit mehr oder weniger Flüssigkeit oder Mehl weiche, formbare Konsistenz überprüfen.

» Eine Rolle formen, 15 Teile abstechen, kleine Brötchen bzw. Brioches formen und auf ein bemehltes Backblech setzen. 20 Minuten zugedeckt gehen lassen. Mit verrührtem Eidotter bestreichen und mit Sesam, Mohn oder Nüssen bestreuen und 15 Minuten goldbraun backen. Auf einem Gitter erkalten lassen.

Tipp

Diesen Teig können Sie auch für kleine Nussschnecken, Topfengolatschen, Kipferln, Nuss- oder Mohnzopf oder für den Kärntner Reindling (Kuchen mit Zimt und Nussfüllung) verwenden.

Lebensmittelverträglichkeit

- (L) Laktosefreie Milch und Butter
- (F) Fruktosefrei
- (G) Buchweizen, Amaranth, Quinoa statt Dinkel- oder Weizenvollwertmehl
- (H) Hefe, Zitronenschale und Nüsse weglassen
- (GI) ☹
- (GL) ☹

Zutaten

Verwenden Sie Bioprodukte:

500 g	Dinkel- oder Weizenvollwertmehl
1	Würfel (42 g) Hefe oder Trockenhefe
ca. $^1/_4$ l	lauwarme Milch
	abgeriebene Zitronenschale
ca. 60 g	zerlassene Butter
1 TL	Meersalz
2	Eigelb

Pro Portion:
kcal 154 • KH 24,1 • EW 5,3 • F 5,1

Vollwert-Dinkelbrötchen

Zutaten

Verwenden Sie Bioprodukte:

500 g	Dinkel- oder Weizenvollwertmehl
1	Würfel (42 g) Hefe oder Trockenhefe
ca. $^3/_8$ l	lauwarme Milch
ca. 60 g	zerlassene Butter
1 TL	Meersalz

Pro Portion:
kcal 157 • KH 24,5 • EW 4,4 • F 4,6

Zubereitungszeit: ca. 20 Minuten • 15 Portionen

» Ofen auf ca. 200–220 Grad vorheizen. Alle Zutaten in eine Rührschüssel geben und gut durchkneten. Den Teig herausnehmen und mit etwas Mehl durcharbeiten. Mit mehr oder weniger Flüssigkeit und Mehl weiche, formbare Konsistenz überprüfen.

» Eine Rolle formen, 15 Teile abstechen, kleine Brötchen formen und auf ein bemehltes Backblech setzen. 20 Minuten zugedeckt gehen lassen und 15 Minuten goldbraun backen. Auf einem Gitter erkalten lassen.

Tipp

Geben Sie zusätzlich in den Teig etwa 100 g grob geriebenen Käse, fein geschnittene Zwiebel oder Knoblauch, Schinkenwürfel, Küchenkräuter, Samen oder Kerne.

Lebensmittelverträglichkeit

- L Laktosefreie Milch, Butter und Käse (Tipp)
- F Evtl. Zwiebeln weglassen
- G Buchweizen, Amaranth, Quinoa statt Dinkel- oder Weizenvollwertmehl
- H Hefe, Samen und Kerne (Tipp) weglassen, Frischkäse statt Käse
- GI ☺
- GL ☺

Kalte und warme Vorspeisen

Blattsalate regen die Verdauungssäfte an, enthalten Magnesium, Vitamine, Mineralstoffe und Ballaststoffe und eignen sich daher bestens als Rohkostvorspeise zum Mittag. Verwenden Sie dazu nur die besten, hochwertigsten Pflanzenöle und Naturessig sowie nach Belieben Joghurt, Zitrone und Sauerrahm. Im Sommer können Sie stattdessen auch einen Milch-Frucht-Mix oder eine Frucht-Kaltschale (S. 70) zubereiten. Ein guter Salat mit etwas Käse führt bereits zu angenehmer Sättigung. Lassen Sie nach Möglichkeit auch hier das Brot weg, um Kohlenhydrate einzusparen. Bis zum Abendessen sollten Sie darauf achten, ca. 5–6 Stunden nicht zu essen, um die Fettverbrennung nicht zu blockieren. Zum Trinken gibt's nur gutes Wasser.

Blattsalat mit Fenchel und Walnüssen

Zutaten

Verwenden Sie Bioprodukte:

500 g	gemischter Blattsalat nach Jahreszeit
100 g	Fenchelstreifen
100 g	Tomatenwürfel
50 g	gehackte Walnüsse
50 g	Sojasprossen
ca. 4 EL	bestes Pflanzenöl und Essig
	Meersalz
	Pfeffer aus der Mühle

Pro Portion:
kcal 158 • KH 4,6 • EW 4,3 • F 13,0

Zubereitungszeit: ca. 10 Minuten • 4 Portionen in Schüsseln

» Bestes Pflanzenöl, Balsamico, Salz und Pfeffer vermischen. Feldsalat putzen, waschen, gut abtropfen lassen und mit Kopfsalat, Tomaten, Fenchelstreifen, Nüssen, Sojasprossen und dem Dressing vermischen.

Tipp

Ein Blattsalat kann mit Löwenzahn, Frühlingsblumen, Spargel, warmen Kartoffeln, Apfelstücken, frischen Käsewürfeln, Tofu, magerem Schinken, Avocadoscheiben, frischen Algen, Orangenfilets, Nüssen usw. ideenreich variiert werden.

Lebensmittelverträglichkeit

- L Laktosefrei
- F Tomatenwürfel, Essig, Apfelstücke und Orangenfilets (Tipp) weglassen
- G Glutenfrei
- H Tomatenwürfel, Walnüsse, Sojasprossen, Avocadoscheiben und Algen (Tipp) weglassen, Apfelessig statt Essig
- GI ☺
- GL ☺

Warmer Kartoffelsalat

Zutaten

Verwenden Sie Bioprodukte:

1 kg	festkochende Kartoffeln
je 100 g	Zwiebeln, rote und grüne Paprikaschote
je 4 EL	bestes Olivenöl und Apfelessig
ca. 1/2 l	heiße Gemüsebrühe
1	Bund Schnittlauch, Meersalz, weißer Pfeffer

Pro Portion:
kcal 231 • KH 39,7 • EW 5,8 • F 5,4

Zubereitungszeit: ca. 10 Minuten • 4 Portionen in Schüsseln

» Kartoffeln waschen, im Kocheinsatz gar dämpfen, pellen und noch warm in Scheiben schneiden. Zwiebeln schälen, klein schneiden. Paprika würfeln, Schnittlauch fein schneiden. Alles zusammen mit heißer Brühe, Essig und Öl vermengen und mit Salz und Pfeffer gut abschmecken.

Lebensmittelverträglichkeit

- L Laktosefrei
- F Zwiebeln, Paprika und Apfelessig weglassen
- G Glutenfrei
- H Histaminfrei
- GI ☺
- GL ☺

Gurkensalat mit Sauerrahm

Zutaten

Verwenden Sie Bioprodukte:

ca. 700 g	Freilandgurken
1/2 l	Sauerrahm (Schmand)
1 EL	gehackter Dill, Meersalz, weißer Pfeffer
je 2 EL	bestes Olivenöl und Essig
3–4	Knoblauchzehen

Pro Portion:
kcal 192 • KH 5,2 • EW 2,7 • F 17,8

Zubereitungszeit: ca. 10 Minuten • 4 Portionen in Schüsseln

» Die Gurken putzen, schälen, der Länge nach halbieren und entkernen. Gurken in feine Scheiben hobeln, salzen und 10 Minuten stehen lassen. Knoblauch und Dill fein hacken. Gurken ausdrücken, mit allen Zutaten gut vermischen und kurz in den Kühlschrank stellen.

Lebensmittelverträglichkeit

- L Laktosefreier Sauerrahm
- F Essig weglassen
- G Glutenfrei
- H Evtl. Apfelessig statt Essig
- GI ☺
- GL ☺

Warmer Krautsalat

Zubereitungszeit: ca. 10 Minuten • 4 Portionen in Schüsseln

» Das Kraut fein schneiden. Die Gemüsebrühe in einem großen Topf mit allen Zutaten aufkochen, das Kraut zugeben, Deckel drauflegen und etwa 5 Minuten kochen lassen. Vom Herd nehmen und zugedeckt weitere 15 Minuten nachziehen lassen, danach evtl. mit warmen Kartoffelscheiben mischen und anrichten.

Zutaten

Verwenden Sie Bioprodukte:

800 g	Spitzkraut
ca. 1/2 l	heiße Gemüsebrühe
je 5 EL	bestes Olivenöl und Apfelessig
je 1 TL	Kümmel, Rohzucker und Meersalz
evtl. 2	warme Pellkartoffeln

Pro Portion:
kcal 116 • KH 18,2 • EW 2,8 • F 6,7

Lebensmittelverträglichkeit

- L Laktosefrei
- F Apfelessig weglassen
- G Glutenfrei
- H Evtl. Apfelessig weglassen
- GI ☺
- GL ☺

Tomatensalat

Zubereitungszeit: ca. 10 Minuten • 4 Portionen in Schüsseln

» Tomaten waschen, den Strunk entfernen und in Scheiben schneiden. Zwiebel fein schneiden, Basilikum in Streifen schneiden und zugeben. Mit Öl, Essig, Salz und Pfeffer gut abschmecken und kurze Zeit im Kühlschrank ziehen lassen.

Zutaten

Verwenden Sie Bioprodukte:

800 g	sonnengereifte Tomaten
100 g	Zwiebeln
je 4 EL	bestes Olivenöl und Apfelessig
1	Bund frischer Basilikum
	Meersalz, weißer Pfeffer

Pro Portion:
kcal 86 • KH 6,4 • E 0,5 • F 5,1

Lebensmittelverträglichkeit

- L Laktosefrei
- F Nicht geeignet!
- G Glutenfrei
- H Nicht geeignet!
- GI ☺
- GL ☺

Pfirsich-Minz-Kaltschale für die heiße Jahreszeit

Zutaten

Verwenden Sie Bioprodukte:

- 300 g gut reife Pfirsiche
- Saft von $^1/_2$ Zitrone
- 4 cl Maraschino
- $^1/_2$ l Buttermilch
- $^1/_4$ l Sauerrahm
- 4 EL Bienenhonig oder Rohzucker
- $^1/_2$ Bund frische Minze oder Zitronenmelisse

Pro Portion:
kcal 176 • KH 27,5 • EW 7,3 • F 7,0

Zubereitungszeit: ca. 5 Minuten • 4 Portionen

» Pfirsiche entkernen und alle Zutaten (außer Sauerrahm) pürieren, in Suppentellern anrichten und mit einem Klecks Sauerrahm und frischer Minze garnieren. Sie können alle reifen Früchte und Beeren verwenden.

Lebensmittelverträglichkeit

- L Laktosefreie Buttermilch, Pflanzencreme statt Sauerrahm
- F Nicht geeignet!
- G Glutenfrei
- H Zitronensaft, Maraschino und Honig weglassen
- GI ☺
- GL ☺

Milch-Frucht-Gemüse-Mix

Zutaten

Verwenden Sie Bioprodukte:

- $^1/_2$ l Frischmilch (Schafs-, Ziegen-, Sojamilch, falls nötig auch Wasser)
- ca. 400 g gut reifes Obst oder Beeren nach Saison
- 1 EL bestes Pflanzenöl

Pro Portion:
kcal 141 • KH 17,4 • EW 4,4 • F 5,7

Zubereitungszeit: 5 Minuten • ca. 4 Portionen

» Die Früchte schälen und klein würfeln, Beeren abzupfen und waschen. Alles in einem Mixglas pürieren, in schönen Gläsern anrichten und dekorieren, auch mit frischer Zitronenmelisse oder Minze.

Lebensmittelverträglichkeit

- L Laktosefreie Milch
- F Nicht geeignet!
- G Glutenfrei
- H Keine Erdbeeren und Zitrusfrüchte verwenden
- GI ☺
- GL ☺

Tomaten mit Basilikum und Mozzarella

Zutaten

Verwenden Sie Bioprodukte:

500 g reife Tomaten
250 g Büffel- oder Schafsmilch-Mozzarella
Meersalz, Pfeffer aus der Mühle
1 Bund Basilikum oder 1 EL Basilikumpesto
4 EL bestes Olivenöl
2 EL Essig

Pro Portion:
kcal 223 • KH 3,3 • EW 12,9 • F 17,6

Zubereitungszeit: ca. 10 Minuten • 4 Portionen

» Tomaten waschen, Strunk ausschneiden, Tomaten leicht einritzen und 1–2 Minuten ins kochende Wasser geben. Die Haut abziehen und Tomaten in Spalten schneiden. Mozzarella würfeln, Basilikum in Streifen schneiden und alles zusammen in einer Schüssel mit Salz, Pfeffer, Essig und Öl marinieren.

Tipp
Dieser Salat schmeckt auch mit marinierten Zucchini- und Auberginenscheiben oder Mangold-Spinat.

Lebensmittelverträglichkeit

- L Laktosefreier Mozzarella
- F Zucchini statt Tomaten, Essig und Aubergine (Tipp) weglassen
- G Glutenfrei
- H Zucchini statt Tomaten, Aubergine und Mangold (Tipp) weglassen
- GI ☺ GL ☺

Frischer Ziegen- oder Schafsweichkäse mit Oliven

Zutaten

Verwenden Sie Bioprodukte:

250 g Schafs- oder Ziegenweichkäse
je 1 rote Zwiebel, Peperoni
etwas Bärlauch
4 EL beste grüne Oliven
1 Zweig Rosmarin
2 EL Kürbis-, Hanf- oder Olivenöl

Pro Portion:
kcal 220 • KH 1,4 • EW 13,5 • F 17,0

Zubereitungszeit: ca. 5 Minuten • 4 Portionen

» Käse in große Würfel schneiden und auf Tellern anrichten. Peperoni und Bärlauch sehr klein, Zwiebel in Ringe schneiden und mit Oliven und Rosmarin über den Käse geben. Mit Öl beträufeln. Dazu passt Vollwertbrot.

Lebensmittelverträglichkeit

- L Laktosefreie Käsesorten
- F Evtl. Zwiebeln weglassen
- G Glutenfrei
- H Frischer Schafs- oder Ziegenkäse, frische statt eingelegte Oliven
- GI ☺ GL ☺

Marinierte Lachsforelle

Zutaten

Verwenden Sie Bioprodukte:

1	Lachsforelle (1,5 kg), Forelle oder Saibling
40 g	grobes Meersalz
30 g	Rohzucker
1 TL	zerstoßene Pfefferkörner
1	Bund Dill
60 ml	Weinbrand
	gemahlener Pfeffer und Koriander

Pro Portion:
kcal 166 • KH 0,0 • EW 29,2 • F 4,1

Vorbereitungszeit: ca. 2 Tage • 10 Portionen

» Die Lachsforelle filetieren, aber nicht enthäuten, und die Seitengräten mit einer Pinzette herausziehen. Die beiden Filets sauber trennen. Ein Filet mit der Hautseite nach unten in eine entsprechend große Form legen.

» Salz mit Zucker und Pfeffer mischen und das Filet damit bestreuen. Dill mit Stielen grob hacken und darüberstreuen. Mit Weinbrand beträufeln und mit gemahlenem Koriander und Pfeffer würzen. Das zweite, auf gleiche Weise gewürzte Filet mit der Hautseite nach oben darüberlegen.

» Das Ganze mit Alufolie zudecken und mindestens für 48 Stunden im Kühlschrank marinieren. Während dieser Zeit die Filets zweimal wenden. Senfsauce (2 EL Sauerrahm verrührt mit je 1 EL Senf und Dill) und warme Kartoffeln passen sehr gut dazu.

Tipp

Schneiden Sie die Filets mit einem Filetiermesser in schräge dünne Scheiben. Die marinierten Filets können nach dem Beizen gut verpackt oder besser verschweißt eingefroren werden.

Lebensmittelverträglichkeit

- L Laktosefrei
- F Weinbrand weglassen
- G Glutenfrei
- H Weinbrand weglassen
- GI ☺
- GL ☺

Artischocken mit Tomaten und Oliven

Zutaten

Verwenden Sie Bioprodukte:
- 4 kleine, frische Artischocken
- 1–2 Zitronen, in Scheiben geschnitten
- je 2 EL Oliven, Balsamico-Essig und Olivenöl
- 4 EL Tomatenwürfel
- 4 EL Oliven, gehackt
- Meersalz und Pfeffer aus der Mühle

Pro Portion:
kcal 101 • KH 6,8 • EW 6,5 • F 2,6

Zubereitungszeit: ca. 40 Minuten • 4 Portionen

» Bei den Artischocken die Stiele unter dem Blattansatz und das obere Drittel der Blätter abschneiden. Die Artischocken unter fließendem Wasser gut waschen. In einem großen Topf mit Wasser Zitronenscheiben, Salz und Zucker aufkochen. Die Artischocken zugeben und je nach Größe ca. 35 Minuten kochen. Herausnehmen und abtropfen lassen (größere Artischocken halbieren und das Heu entfernen).

» Olivenöl, Balsamico und Tomatenwürfel mit gehackten Oliven in einer Pfanne anschwenken, mit Salz und Pfeffer abschmecken und zu den Artischocken geben. Gut passt auch ein Dipp mit Sauerrahm und Knoblauch.

Lebensmittelverträglichkeit

- L Laktosefrei
- F Nicht geeignet!
- G Glutenfrei
- H Zitrone und Tomatenwürfel weglassen, frische statt gelagerte Oliven, Apfelessig statt Essig
- GI ☺
- GL ☺

Tipp

Lachender Smiley = fast kohlenhydratfrei
Trauriger Smiley = enthält Kohlenhydrate

Gemüse-Ratatouille mit Champignons

Zutaten

Verwenden Sie Bioprodukte:
- 500 g Gemüse (Karotten, gelbe Rüben, Zucchini, Pastinaken, rote Zwiebel, Paprikaschote, Fenchel, Auberginen und Stangensellerie)
- 2 EL Olivenöl
- 1 Zweig Rosmarin
- 250 g Champignons
- 200 g Tomaten
- 1 Bund Basilikum
- Meersalz, Muskatnuss
- evtl. $^1/_8$ l Basensauce (S. 101)

Pro Portion:

kcal 76 • KH 6,2 • EW 4,9 • F 3,0

Kochzeit: ca. 15 Minuten • 4 Portionen

» Gemüse putzen, in Scheiben oder Würfel schneiden, in einer Kasserolle oder im Wok mit Olivenöl und Rosmarin anschwitzen und zugedeckt etwa 5 Minuten bissfest dünsten lassen. Zucchini etwas später zugeben. Champignons halbieren oder vierteln und in einer beschichteten Pfanne in 1 TL Olivenöl anbräunen. Danach zum gegarten Gemüse mischen. Tomaten eventuell häuten, vierteln und zugeben. Mit Basilikumstreifen, Muskat und Meersalz würzen. Eventuell Basensauce untermischen. Warm servieren.

Lebensmittelverträglichkeit

- L Laktosefrei
- F Zwiebel, Paprika, Auberginen und Tomaten weglassen
- G Glutenfrei
- H Aubergine und Tomaten weglassen
- GI ☺ GL ☺

Mangold mit Mandeln und Walnussöl

Zutaten

Verwenden Sie Bioprodukte:
- 500 g Mangold
- 30 g Schalottenwürfel
- 1 EL Olivenöl
- 2 EL Gemüsebrühe
- evtl. 60 ml Basensauce (S. 101)
- 2 EL Walnussöl
- 30 g gehackte Mandeln
- 100 g Schafsfrischkäse
- Meersalz, geriebene Muskatnuss

Pro Portion:

kcal 114 • KH 1,2 • EW 7,2 • F 9,5

Kochzeit: ca. 10 Minuten • 2 Portionen

» Mangold putzen, waschen und grob schneiden. Die dickeren Stiele vom Blattgrün trennen und mit Schalotten und Olivenöl in einer Kasserolle mit 2 EL Gemüsebrühe 5 Minuten andünsten. Dann erst das Blattgrün und die Basensauce dazumischen. Mit Meersalz und Muskatnuss abschmecken und mit Walnussöl und Mandeln mischen. Auf zwei Tellern anrichten und mit dem Käse servieren.

Lebensmittelverträglichkeit

- L Laktosefreier Schafsfrischkäse
- F Evtl. Schalotten weglassen
- G Glutenfrei
- H Nicht geeignet!
- GI ☺ GL ☺

Warmes Fenchelgemüse mit Tomaten

Kochzeit: ca. 10 Minuten • 2 Portionen

» Fenchelgemüse putzen, Grün grob schneiden und zur Seite legen. Knollen halbieren und im Kocheinsatz weich dämpfen oder mit etwas Gemüsebrühe im Wok mit Olivenöl zugedeckt etwa 10 Minuten weich dünsten. Die Tomaten zugeben und kurz nachziehen lassen.

» Dann das Fenchelgrün und eventuell die Basensauce untermischen und mit Meersalz und Pfeffer würzen. Zuletzt das Mandelöl darüberträufeln.

Lebensmittelverträglichkeit

- L Laktosefrei
- F Tomatenwürfel weglassen
- G Glutenfrei
- H Mehr Fenchel statt Tomatenwürfel
- GI ☺
- GL ☺

Tipp

Lachender Smiley = fast kohlenhydratfrei
Trauriger Smiley = enthält Kohlenhydrate

Zutaten

Verwenden Sie Bioprodukte:

500 g	Fenchel mit Grün
200 g	Tomatenwürfel
evtl. 125 ml	Basensauce (S. 101)
2 EL	Mandelöl
1 EL	Olivenöl
	Meersalz, Pfeffer aus der Mühle

Pro Portion:
kcal 91 • KH 5,2 • EW 3,5 • F 6,5

Rucolarisotto mit Schafskäse

Zutaten

Verwenden Sie Bioprodukte:

- 80 g Rucola
- 50 g Schalottenwürfel
- 2 EL Frühlingszwiebeln, geschnitten
- 2 EL Olivenöl
- 300 g Vollkorn-Risottoreis
- ca. 1 l Wasser oder Gemüsebrühe
- 1/4 l Weißwein
- 1/4 l Sahne
- 50 g Schafskäse, gerieben
- Meersalz, geriebene Muskatnuss, gemahlener Pfeffer

Pro Portion:
kcal 416 • KH 60,8 • EW 8,5 • F 13,3

Zubereitungszeit: ca. 60 Minuten • 4 Portionen

» Rucola grob schneiden. Schalotten und Zwiebeln in einer Kasserolle mit Olivenöl anschwitzen, Reis zugeben, salzen, kurz anschwitzen und mit Gemüsebrühe auffüllen. Auf kleiner Flamme zugedeckt 30–40 Minuten dünsten lassen.

» Nach ca. 30 Minuten den Wein, Rucola und die Sahne unterrühren. Mit Muskatnuss und Pfeffer abschmecken. Anrichten und mit Schafskäse bestreuen.

Tipp

Sollten Sie klein geschnittene, frische Gemüse verwenden, dann nach 20 Minuten zugeben. Frische Kräuter immer erst zuletzt unterheben.

Lebensmittelverträglichkeit

- L Laktosefreie Sahne und Schafskäse
- F Evtl. Schalotten, Frühlingszwiebeln und Weißwein weglassen
- G Glutenfrei
- H frischer Schafskäse, junger Wein
- GI ☺
- GL ☺

Seeteufel-Fischsalat mit Fenchel

Zutaten

Verwenden Sie Bioprodukte:

Für den Fischsalat:

300 g Seeteufelfilet
1 EL Olivenöl
1 TL gehackter Ingwer
1 TL Zitronensaft
gemahlener Pfeffer
2 mittlere Fenchelknollen
200 g Kirschtomaten
100 g Staudensellerie mit Grün
60 ml Gemüsebrühe
1 EL Basilikumblätter

Für die Marinade:

2 EL bestes Olivenöl
1 EL Weinessig
1/2 TL scharfer Senf
100 g Kirschtomaten

Pro Portion:
kcal 149 • KH 2,8 • EW 15,3 • F 8,6

Zubereitungszeit: ca. 15 Minuten • 4 Portionen

» Seeteufelfilet in etwa 1 cm dicke Scheiben schneiden und auf einen Teller legen. Mit Olivenöl bepinseln und mit Ingwer, Zitronensaft und Pfeffer würzen. Eventuell ½ Stunde ziehen lassen. In einer beschichteten Pfanne mit 1 TL Olivenöl beidseitig kurz braten und zur Seite stellen.

» Fenchel putzen, halbieren und in dickere Scheibchen schneiden. Kirschtomaten halbieren, Staudensellerie schälen und in Streifen schneiden. Das Grün grob schneiden.

» In derselben Pfanne Fenchel und Sellerie mit 60 ml Gemüsebrühe oder Fischfond nicht zu weich dünsten. Zuletzt ganz kurz die Kirschtomaten und gehackten Basilikumblätter mit dem Selleriegrün untermischen, salzen und pfeffern. Das Gemüse auf Tellern anrichten. Die Zutaten für die Marinade verrühren und darübergeben. Zuletzt die lauwarmen Seeteufelscheiben daraufgeben.

Lebensmittelverträglichkeit

- L Laktosefrei
- F Kirschtomaten und Weinessig weglassen
- G Glutenfrei
- H Zitronensaft, Kirschtomaten und Senf weglassen, Apfelessig statt Weinessig
- GI ☺
- GL ☺

Kurz zusammengefasst: Optimale Ernährung von A–Z

Verzichten Sie auf das Abendessen: Es wurde wissenschaftlich erwiesen, dass der Körper über Nacht eine gewisse Ruhezeit braucht, um die Verdauung anzukurbeln. Wenn immer wieder gegessen wird, ist unser Organismus einfach überfordert. Aus einem Zuviel an Kohlenhydraten wird plötzlich Fett. Dieses angelagerte Fett kann erst dann verbrannt werden, wenn der Körper nachts 14 Stunden und zwischen den Mahlzeiten 5–6 Stunden lang durchgehend fasten kann, ohne dass etwas nachgeschoben wird. Nur so werden Sie einen guten Appetit auf das bevorstehende Frühstück verspüren!

Bevorzugen Sie reifes Obst: Früchte sollten im Idealfall bis zur vollen Reife am Baum beziehungsweise am Strauch bleiben. Sie entfalten dann nicht nur ihr volles Aroma, sondern auch die in ihnen wohnenden Heilkräfte. Von der Sonne gereift stecken sie voller Licht und Energie.

Bereiten Sie frisch zu: Die Gerichte sollten möglichst frisch zubereitet werden. Richten Sie sich nach der Jahreszeit und bleiben Sie unseren heimischen Lebensmitteln treu. Vermeiden Sie nach Möglichkeit zu viel Tiefkühlkost und Konserven. Die fertigen Speisen sollten möglichst bald verzehrt werden. Ein Aufwärmen bringt immer Qualitätsverluste mit sich. Wenn Sie beruflich viel unterwegs sind und kein frisch zubereitetes Essen bekommen können, ist es möglich, es durch Zugabe von etwas Ingwer, Kardamom, Ginseng, Frischkräutern oder kaltgepressten Pflanzenölen qualitativ aufzuwerten. Olivenöl fängt freie Radikale stark ab. Ingwer und andere Gewürze regen das Verdauungsfeuer an.

Nehmen Sie warme Nahrung zu sich: Nehmen Sie nach Möglichkeit vorwiegend warmes Essen, Suppen, Getreidebreie und warme Getränke zu sich. Verzichten Sie auf Eiswürfel und stark gekühlte Getränke.

Trinken Sie reichlich: Trinken Sie fünf- bis sechsmal täglich ein Glas klares, warmes, kaltes oder heißes Wasser, eventuell auch mit Ingwer. Das heiße Wasser stärkt das Verdauungsfeuer und schwemmt Giftstoffe aus den Geweben. Schon nach einigen Tagen fühlen Sie sich seelisch und körperlich leichter. Aber: Trinken Sie während und kurz nach einer Mahlzeit kein Wasser, denn es verdünnt die Verdauungssäfte und schwächt somit die Verdauungsleistung.

Gönnen Sie Ihrem Körper 1 Flüssigkeitstag pro Woche: Richten Sie sich einen festen Tag pro Woche ein, an dem Sie nur flüssige Nahrung zu sich nehmen (z. B. frisch gekochte Gemüsebrühe oder Basensuppe). Trinken Sie an diesem Tag halbstündlich etwas warmes oder kaltes Wasser oder auch Kräutertees. Der regelmäßig durchgeführte Flüssigkeitstag verhindert, dass sich Giftstoffe oder Schlackenstoffe ansammeln können. Er beugt somit Gesundheitsstörungen vor und verjüngt Körper und Geist.

Optimale Ernährung ist individuelle Ernährung: Wenn Sie nun fragen, wie die optimale Ernährung aussehen soll, so lässt sich dies nicht pauschal beantworten. Die richtige Ernährung in diesem Sinne gibt es nicht, sondern nur die individuell optimierte Ernährung je nach Menschentyp und Verdauungsleistung.
Subjektive Komponenten spielen hier eine entscheidende Rolle. So dürfte es vermutlich besser sein, Chinesen mit Reis und Europäer oder Amerikaner mit Kartoffeln oder Weizen zu ernähren, obwohl es sich aus biochemischer und aus ordnender Sicht um gleichwertige Nahrung handeln kann. Essen Sie also nur, was Sie persönlich am besten vertragen!

Klare Basensuppen

Diese Suppe hat viele Mineralstoffe, ist basisch und schmeckt auch als warmes Getränk. Falls die Zeit es gar nicht zulässt, können Sie auch hochwertigen, fertigen Gemüseextrakt mit Wasser anrühren und verwenden. Achten Sie darauf, dass keine Zusätze und Geschmacksverstärker dabei sind.

Gemüsebouillon-Grundrezept

Kochzeit: ca. 40 Minuten • 4 Portionen

» Das Gemüse unter fließendem Wasser gut bürsten, mit der Schale klein schneiden und in einem Topf mit kaltem Wasser aufsetzen. Gewürze und Salz zugeben und etwa 40 Minuten köcheln lassen. Die Brühe durch ein Haarsieb seihen, gut abschmecken und als klare Suppe anrichten. Eventuell zum Veredeln je 1 TL Sojasauce und Olivenöl einrühren. Mit entsprechender Suppeneinlage servieren.

Tipp

Das übriggebliebene Gemüse noch einmal mit Wasser auffüllen, aufkochen, abkühlen, in den Kühlschrank stellen (hält 2–3 Tage) und zum Aufgießen für Basensuppen verwenden. Machen Sie gleich 2–3 Liter Suppe, seihen Sie die benötigte Menge durch ein Haarsieb und stellen Sie den Rest mit dem Gemüse zum Abkühlen in den Kühlschrank. Durch verschiedene Gemüsemischungen können Sie den Geschmack stets variieren.

Lebensmittelverträglichkeit

- L Laktosefrei
- F Sojasauce weglassen, keine Karotten verwenden
- G Glutenfrei
- H Sojasauce weglassen
- GI ☺
- GL ☺

Zutaten

Verwenden Sie Bioprodukte:

1 l	Wasser
ca. 400 g	frisches Wurzelgemüse wie: Karotte, gelbe Rübe, Sellerieknolle, Stangensellerie, Fenchelknolle, Petersilienwurzel oder Pastinake (auch alle anfallenden Schalen, Blätter und gute Gemüsereste)
evtl. 50 g	Lauch oder Frühlingszwiebeln
1 EL	Meersalz
je 2	Lorbeerblätter und Muskatblüten, evtl. anfallende Zweige von frischen Küchenkräutern (Thymian, Majoran, Petersilie etc.)

Pro Portion:

kcal 0 • KH 0 • EW 0 • F 0

Suppeneinlage Quarknockerln

Zutaten

Verwenden Sie Bioprodukte:

1 l Gemüsebouillon (S. 50)
Sojasauce
Olivenöl
1 Eigelb
2 EL Butter
20 g geriebener Hartkäse
50 g Mager-, Schafs- oder Ziegenquark
10 g Dinkelvollwertmehl
Meersalz, geriebene Muskatnuss

Pro Portion:
kcal 92 • KH 2,5 • EW 5,7 • F 6,4

Kochzeit: ca. 10 Minuten • 4 Portionen

» Die Gemüsebrühe mit etwas Meersalz, Sojasauce und Olivenöl gut würzen. Für die Quarknockerln Eigelb mit Butter schaumig rühren. Quark, Mehl und Käse untermischen. Mit Salz und Muskat würzen. 10 Minuten kühl stellen. Mit zwei Teelöffeln acht kleine Klößchen formen und in kochendem Salzwasser ca. 10 Minuten ziehen lassen. Als Einlage in die Gemüsebouillon geben.

Tipp

Die Quarknockerln können Sie als Vor- oder Hauptspeise servieren. Sie passen gut zu Gemüse-Ratatouille (S. 78) und Kräuterpesto oder lassen sich mit gedünstetem Blattspinat, Tomaten und Mozzarella im Ofen überbacken.

Lebensmittelverträglichkeit

- L Laktosefreie Butter, Hartkäse, Quark und Mozzarella (Tipp)
- F Sojasauce und Tomaten (Tipp) weglassen
- G Buchweizenmehl statt Dinkelmehl
- H Sojasauce, Blattspinat und Tomaten (Tipp) weglassen, Frischkäse statt Hartkäse
- GI ☺
- GL ☺

Suppeneinlage Hechtnockerln

Kochzeit: ca. 10 Minuten • 4 Portionen

» Die Gemüsebrühe mit etwas Meersalz, Sojasauce und Olivenöl gut würzen. Den Fisch klein schneiden, im Cutter pürieren, Sahne, Salz, Pfeffer und Dill zugeben, noch mal pürieren, mit zwei nassen Teelöffeln kleine Nockerln formen, ins kochende Salzwasser einlegen und 5 Minuten ziehen lassen. Herausnehmen und in die Gemüsebouillon geben.

Tipp

Wenn Sie die Menge verdoppeln, können Sie daraus eine tolle Fischterrine zubereiten. Dazu wird das Fischfilet mit Haut gewürzt mit Kräutern, Fischfarce und Gemüsewürfeln in Folie gewickelt und in einer Terrine etwa 15 Minuten im Ofen gegart.

Lebensmittelverträglichkeit

- L Laktosefreie Sahne
- F Sojasauce weglassen
- G Glutenfrei
- H Sojasauce weglassen
- GI ☺
- GL ☺

Zutaten

Verwenden Sie Bioprodukte:

1 l	Gemüsebouillon Seite (S. 50)
	Sojasauce
	Olivenöl
150 g	grätenfreies Hechtfleisch
1/8 l	Sahne
1 TL	Dill
	Meersalz, Pfeffer aus der Mühle

Pro Portion:
kcal 126 • KH 0,0 • EW 7,6 • F 10,2

Suppeneinlage Dinkel-Grieß-Nockerln

Zutaten

Verwenden Sie Bioprodukte:

1 l Gemüsebouillon (S. 50)
Sojasauce
Olivenöl
1 Ei
60 g Butter
120 g Dinkelgrieß
Meersalz, Muskatnuss, Schnittlauch

Pro Portion:
kcal 231 • KH 20,8 • EW 4,9 • F 14,2

Kochzeit: ca. 10 Minuten • 4 Portionen

» Die Gemüsebrühe mit etwas Meersalz, Sojasauce und Olivenöl würzen. Für die Nockerln Butter schaumig rühren, Ei zugeben und mit dem Grieß gut verrühren. ½ Stunde kühl stellen.

» Mit zwei nassen Teelöffeln kleine Nockerln formen und diese ins kochende Salzwasser legen, 10 Minuten kochen lassen. Vom Herd nehmen, einen Schuss eiskaltes Wasser (abschrecken) zugeben und zugedeckt 10 Minuten nachquellen lassen. Herausnehmen und in die Gemüsebouillon geben, mit Schnittlauch bestreuen.

Tipp

Sie können daraus auch ein vegetarisches Hauptgericht oder eine warme Vorspeise ableiten.

Lebensmittelverträglichkeit

- L Laktosefreie Butter
- F Sojasauce weglassen
- G Mais- oder Hirsegrieß statt Dinkelgrieß
- H Sojasauce weglassen
- GI ☺
- GL ☺

Suppeneinlage Dinkel-Fritatten

Zutaten

Verwenden Sie Bioprodukte:

- 1 l Gemüsebouillon (S. 50)
- 4 Eier
- 1 TL gehackte Petersilie, Meersalz
- 350 ml Milch
- 300 g frisch gemahlenes Dinkelmehl
- 2 EL Olivenöl

Pro Portion:
kcal 405 • KH 56,3 • EW 17,6 • F 12,2

Kochzeit: ca. 10 Minuten • 4 Portionen

» Für die Fritatten die Eier mit dem Handrührgerät verquirlen. Salz, Petersilie, Milch und Mehl gut untermischen. Eine Pfanne mit wenig Öl erhitzen. Eine Schöpfkelle Pfannkuchenteig in die Mitte geben. Gleichmäßig dünn verteilen und von beiden Seiten anbraten. Pfannkuchen in dünne Streifen schneiden und als Einlage in die Suppe geben.

Lebensmittelverträglichkeit

- L Laktosefreie Milch
- F Fruktosefrei
- G Buchweizenmehl statt Dinkelmehl
- H Histaminfrei
- GI ☺ GL ☺

Suppeneinlage Leberknödel

Zutaten

Verwenden Sie Bioprodukte:

- 100 g Zwiebeln
- 2 Knoblauchzehen
- 1 EL Olivenöl
- 1 EL Butter
- 200 g faschierte Leber vom Lamm (Rind oder Kalb)
- Meersalz, Pfeffer, Majoran
- 2 Eier
- 100 g Knödelbrot
- 40 g Semmelbrösel
- 1 l Gemüsebouillon (S. 50)
- Petersilie gehackt, Schnittlauch

Pro Portion:
kcal 246 • KH 23,0 • EW 16,4 • F 10,2

Kochzeit: ca. 10 Minuten • 4 Portionen

» Zwiebeln und Knoblauch fein hacken, in Butter und Olivenöl hellgelb anrösten, zur faschierten Leber geben und mit Salz, Pfeffer, 1 EL Majoran, Petersilie und den Eiern gut vermischen. Knödelbrot und Brösel untermischen und 10 Minuten stehen lassen. Salzwasser aufstellen, Klößchen formen und diese ins kochende Wasser legen, etwa 10 Minuten köcheln lassen, in die Suppe legen und mit Schnittlauchröllchen garnieren.

Lebensmittelverträglichkeit

- L Laktosefrei
- F Evtl. Zwiebeln weglassen
- G Glutenfreies Brot u. Brösel
- H Nicht geeignet!
- GI ☺ GL ☺

Pürierte Basensuppen

Schnell und einfach können Sie in kürzester Zeit eine Basensuppe zubereiten. Basensuppe deshalb, weil alle Gemüse, Kartoffeln und Kräuter basisch sind. Beim Grundrezept werden ca. 250 g frisch geschnittenes Wurzelgemüse (oder Kartoffeln) mit 1 Liter Flüssigkeit ca. 10 Minuten gekocht – so erhalten Sie eine sämige Suppe. Bei wasserreichem Gemüse wie z. B. Kürbis und Zucchini braucht man bis zur doppelten Menge. Die gewünschte Konsistenz der Suppe können Sie beim Mixen im Glas bzw. Pürieren mit dem Mixstab, durch Zugabe oder Wegnahme von mehr oder weniger Flüssigkeit steuern. Bitte alle Suppen ohne Brot essen, um Kohlenhydrate einzusparen!

Kürbis- oder Karottensuppe mit Ingwer

Zutaten

Verwenden Sie Bioprodukte:

- 50 g Frühlingszwiebeln oder Lauch
- 500 g Kürbisfleisch oder 350 g Karotten
- 1/2 TL feinst geschnittener Ingwer
- 1 l Gemüsebrühe
- 2 EL Butter
- 2 EL Sahne
- Meersalz, weißer, gemahlener Pfeffer
- Muskatnuss, gemahlener
- Kümmel
- Sauerrahm
- 1 EL Kürbiskernöl
- 1 EL gehackte Kürbiskerne

Pro Portion:
kcal 75 • KH 7,0 • EW 1,3 • F 4,5

Kochzeit: ca. 15 Minuten • 4 Portionen

» Lauch in kleine, Kürbisgemüse bzw. Karotten in große Würfel schneiden. Zwiebel in einer Kasserolle mit Butter anschwitzen, Kürbis und Ingwer zugeben, kurz mit anschwitzen und mit Gemüsebrühe auffüllen. Salzen und in etwa 5 Minuten weich kochen.

» Die Suppe im Mixglas mit Sahne und den Gewürzen pürieren und gut abschmecken. Falls zu dick, etwas verdünnen. Mit Sauerrahm, Kürbiskernöl und Kürbiskernen garnieren.

Tipp

Achten Sie beim Einkauf immer auf frische, gut gekühlte Kürbisstücke. Am besten schmeckt Muskatkürbis oder Hokkaido, den Sie sogar mit Schale verwenden können.

Lebensmittelverträglichkeit

- L Laktosefreie Butter und Sahne
- F Nicht geeignet!
- G Glutenfrei
- H Evtl. Kürbiskerne weglassen
- GI ☺ GL ☺

Natur-Tomatensuppe

Zutaten

Verwenden Sie Bioprodukte:

1	Zwiebel
4	Knoblauchzehen
1 EL	Olivenöl oder Butter
800 g	gut reife Tomaten (evtl. häuten)
1 EL	Tomatenmark
	Meersalz, weißer Pfeffer
2 EL	frische Basilikumstreifen
1 TL	Honig
1	Schuss Balsamico
2 EL	Gemüsebrühe

Pro Portion:
kcal 60 • KH 8,4 • EW 2,3 • F 1,7

Kochzeit: ca. 10 Minuten • 4 Portionen

» Zwiebel und Knoblauch fein hacken, in einer Kasserolle mit Olivenöl anbräunen. Bei den Tomaten Strunk entfernen, Tomaten würfeln und mit Tomatenmark, Salz und Pfeffer zugeben. Einmal aufkochen, vom Herd nehmen und zugedeckt 5 Minuten nachdünsten lassen. Basilikum, Honig und Essig zugeben. Eventuell mit dem Pürierstab aufmixen, dabei so viel Gemüsebrühe zugeben, dass die Tomatensuppe sämig wird.

Lebensmittelverträglichkeit

- L Laktosefrei
- F Nicht geeignet!
- G Glutenfrei
- H Nicht geeignet!
- GI ☺ GL ☺

Kartoffelsuppe mit Steinpilzen

Zutaten

Verwenden Sie Bioprodukte:

1	Zwiebel
je 1 EL	Olivenöl und Butter
2	Knoblauchzehen
250 g	mehligkochende Kartoffeln
1 l	Gemüsebrühe
	Meersalz, Pfeffer
	Lorbeerblatt, Petersilie
4 EL	Weißwein
4 EL	Sahne
100 g	frische Steinpilze (oder Pfifferlinge)

Pro Portion:
kcal 104 • KH 10,8 • EW 3,1 • F 13,4

Kochzeit: ca. 15 Minuten • 4 Portionen

» Zwiebel und Knoblauch klein schneiden und in Olivenöl anschwitzen. Kartoffeln schälen, würfeln, zugeben und mit Gemüsebrühe auffüllen. Mit Salz, Pfeffer, Lorbeer würzen und etwa 10 Minuten weich kochen. Lorbeer herausnehmen, Suppe mit Weißwein und Sahne pürieren. Geputzte Steinpilze in Scheiben schneiden, in Butter anbräunen und mit Petersilie auf die Suppe geben.

Lebensmittelverträglichkeit

- L Laktosefreie Butter und Sahne
- F Zwiebeln und Weißwein weglassen
- G Glutenfrei
- H Junger Wein statt Weißwein
- GI ☺ GL ☺

Rote-Bete-Suppe mit Meerrettich

Kochzeit: ca. 20 Minuten • 4 Portionen

» Rote Bete mit der Schale extra weich kochen, dann schälen. Lauchzwiebeln in Ringe schneiden, Kartoffeln schälen und würfeln. Lauchzwiebeln und Kartoffeln in Olivenöl anschwitzen, mit Gemüsebrühe auffüllen, salzen, weich kochen und pürieren. Rote Bete grob schneiden, zugeben und die Suppe mit Kümmel, Meerrettich, Sahne, Balsamico, Salz und Pfeffer noch einmal aufmixen und gut abschmecken. Mit Sauerrahm und Kümmel garnieren.

Zutaten

Verwenden Sie Bioprodukte:

100 g	Rote Bete
50 g	Lauchzwiebeln
200 g	mehlig kochende Kartoffeln
je 1 EL	Olivenöl, Balsamico, Meerrettich
1 l	Gemüsebouillon (S. 50)
	Meersalz, Pfeffer
2 EL	Sahne
1 TL	gemahlener Kümmel

Pro Portion:
kcal 85 • KH 9,9 • EW 1,8 • F 2,8

Lebensmittelverträglichkeit

- L Laktosefreie Sahne, Pflanzencreme statt Sauerrahm
- F Lauchzwiebeln und Balsamico weglassen
- G Glutenfrei
- H Balsamico weglassen
- GI ☺ GL ☺

Apfel-Sellerie-Suppe mit Melisse

Kochzeit: ca. 15 Minuten • 4 Portionen

» Zwiebel klein schneiden und in Butter anschwitzen. Apfel, Ingwer und Sellerie schälen, würfeln, zugeben und mit Brühe und Milch auffüllen. Etwa 10 Minuten weich kochen und mit einer Prise Salz, Pfeffer, mit Sahne, Wein und Melisse pürieren. Mit Melisse und kleinen Apfelspalten garnieren.

Zutaten

Verwenden Sie Bioprodukte:

50 g	Zwiebeln
2	Golden-Delicious-Äpfel (300 g)
$^1/_2$ TL	frischer Ingwer
100 g	Sellerieknolle
je $^1/_2$ l	Gemüsebrühe und Milch
50 g	Sahne
20 g	Butter
20 g	Weißwein
	Meersalz, Pfeffer, Zitronenmelisse

Pro Portion:
kcal 125 • KH 10,9 • EW 1,2 • F 8,1

Lebensmittelverträglichkeit

- L Laktosefreie Milch, Sahne und Butter
- F Mehr Sellerie statt Zwiebeln, Äpfel und Weißwein
- G Glutenfrei
- H Junger Wein statt Weißwein
- GI ☺ GL ☺

Fenchelcremesuppe mit Shrimps

Zutaten

Verwenden Sie Bioprodukte:

- 2 Fenchelknollen (ca. 300 g)
- 50 g Zwiebeln
- 50 g Kartoffeln
- 20 g Butter
- 1 l Gemüsebrühe
- je 4 EL Weißwein und Sahne
- Meersalz, weißer Pfeffer
- 50 g frische Shrimps

Pro Portion:
kcal 96 • KH 4,7 • EW 4,6 • F 5,9

Kochzeit: ca. 15 Minuten • 4 Portionen

» Fenchel putzen, Strunk entfernen und die Knolle klein schneiden. Zwiebeln und Kartoffeln würfeln und in Butter anschwitzen. Fenchel, Salz und Gemüsebrühe zugeben. Etwa 10 Minuten weich kochen und mit Pfeffer, Sahne und Wein pürieren. Mit Fenchelgrün und den erwärmten Shrimps garnieren.

Tipp

Sie können auch aus anderen Gemüsearten eine sämig pürierte Basensuppe machen. Die Flüssigkeitsmenge muss manchmal angepasst werden. Über Nacht werden die meisten Suppen etwas dicker. Aus allen pürierten Suppen können Sie daher am nächsten Tag eine schmackhafte Sauce ableiten, die Sie mit Kräutern, Pesto und Gewürzen verfeinern.

Lebensmittelverträglichkeit

- L Laktosefreie Butter und Sahne
- F Zwiebeln und Weißwein weglassen
- G Glutenfrei
- H Junger Wein statt Weißwein
- GI ☺
- GL ☺

SUPPEN

Brennnesselcremesuppe

Zutaten

Verwenden Sie Bioprodukte:

50 g	Zwiebeln
2	Knoblauchzehen
2 EL	Olivenöl
250 g	mehlige Kartoffeln
1 l	Gemüsebrühe
100 g	junge Brennnesselblätter
50 ml	Weißwein
50 ml	Sahne
	Meersalz, weißer Pfeffer

Pro Portion:
kcal 115 • KH 10,6 • EW 1,7 • F 6,3

Kochzeit: ca. 15 Minuten • 4 Portionen

» Die Zwiebeln und Knoblauch hacken und im Olivenöl farblos anschwitzen. Kartoffeln schälen, klein schneiden, zugeben und mit Brühe auffüllen. Salzen, pfeffern und etwa 10 Minuten weich kochen. Brennnesseln zugeben, einmal aufkochen und die Suppe mit Sahne und Weißwein aufmixen. Anrichten und mit etwas Sahne und Brennnesselblättern garnieren.

Tipp

Sie können statt Brennnesseln auch jungen Blattspinat, sämtliche Küchenkräuter, Löwenzahnblätter oder im Winter Grünkohl oder Mangold verwenden.

Lebensmittelverträglichkeit

- L Laktosefreie Sahne
- F Zwiebeln und Weißwein weglassen
- G Glutenfrei
- H Junger Wein statt Weißwein, Blattspinat und Mangold (Tipp) weglassen
- GI ☺
- GL ☺

Weißwein-Karfiol-Suppe

Kochzeit: ca. 15 Minuten • 4 Portionen

» Klein geschnittene Zwiebeln in Olivenöl farblos anschwitzen. Blumenkohl klein zupfen, zugeben und mit Brühe auffüllen. Salzen, pfeffern und etwa 10 Minuten weich kochen. Die Suppe mit Sahne und Weißwein aufmixen. Anrichten und mit etwas Sahne und Petersilie garnieren.

Tipp

Sie können auch ⅔ Blumenkohl mit ⅓ Kartoffeln mischen.

Lebensmittelverträglichkeit

- L Laktosefreie Sahne
- F Zwiebeln und Weißwein weglassen
- G Glutenfrei
- H Junger Wein statt Weißwein
- GI ☺ GL ☺

Zutaten

Verwenden Sie Bioprodukte:

50 g	Zwiebeln
1 EL	Olivenöl
350 g	Blumenkohlröschen
1 l	Gemüsebrühe
1/8 l	Sahne
1/8 l	Weißwein
	Meersalz, weißer Pfeffer, Petersilie

Pro Portion:

kcal 144 • KH 4,3 • EW 2,7 • F 11,4

Minestrone

Kochzeit: ca. 15 Minuten • 4 Portionen

» Klein geschnittene Zwiebeln in Olivenöl anschwitzen, das Gemüse und Tomatenmark dazugeben, salzen, mit Gemüsebouillon auffüllen und etwa 10 Minuten al dente kochen. Mit Salz, Pfeffer und Muskat abschmecken, Reis und Tomatenwürfel zugeben und mit Petersilie und Parmesan garnieren.

Lebensmittelverträglichkeit

- L Laktosefreier Parmesan
- F Frühlingszwiebeln, Tomatenmark und -würfel weglasssen
- G Glutenfreier Reis oder Nudeln
- H Tomatenmark, -würfel und Parmesan weglassen
- GI ☺ GL ☺

Zutaten

Verwenden Sie Bioprodukte:

je 50 g	Frühlingszwiebeln, Tomatenmark und geschälte Tomatenwürfel
1 EL	Olivenöl
1 l	Gemüsebrühe
200 g	frisches, buntes Gemüse
je 50 g	gekochter Reis oder Nudeln
50 g	Parmesan
	Meersalz, Pfeffer, Muskat, Petersilie

Pro Portion:

kcal 138 • KH 13,3 • EW 7,2 • 18,6

Zwiebelsuppe mit Käsecroûtons

Zutaten

Verwenden Sie Bioprodukte:

- 500 g Zwiebeln
- 2 EL Olivenöl
- 1 l Gemüsebouillon (S. 50)
- 1/8 l Weißwein
- 1 Brief Safranfäden
- Meersalz, Pfeffer weiß, etwas frische Petersilie
- 1/2 TL Ingwer, gehackt
- je 2 Scheiben Vollwerttoastbrot und Schmelzkäse
- 10 g Butter

Pro Portion:
kcal 129 • KH 7,5 • EW 3,2 • F 5,5

Kochzeit: ca. 20 Minuten • 4 Portionen

» Zwiebeln schälen, halbieren und in 2 mm dünne Ringe schneiden. In Olivenöl farblos anschwitzen, mit Gemüsebouillon und Weißwein aufgießen, salzen, pfeffern, Safran und den Ingwer zugeben und Suppe etwa 20 Minuten kochen lassen. Das Toastbrot mit gehackter Petersilie und Käse belegen und in der Pfanne mit Butter anbräunen, Deckel daraufgeben, bis der Käse schmilzt. Durchschneiden und auf die Zwiebelsuppe geben.

Lebensmittelverträglichkeit

L Laktosefreier Schmelzkäse und Butter
F Nicht geeignet!
G Buchweizenbrot statt Vollwerttoast
H Schmelzkäse weglassen, junger Wein statt Weißwein
GI ☺ GL ☺

Natur-Tomatensauce

Zutaten

Verwenden Sie Bioprodukte:

- 1 Zwiebel
- 4 Knoblauchzehen
- 1 EL Olivenöl oder Butter
- 400 g gut reife Tomaten (evtl. Schale entfernen)
- 2 EL Basilikumstreifen
- 2 EL Gemüsebrühe
- 1 TL Honig
- Meersalz, weißer Pfeffer
- 1 Schuss Balsamico

Pro Portion:
kcal 43 • KH 5,8 • EW 1,3 • F 1,3

Kochzeit: ca. 5 Minuten • 4 Portionen

» Klein geschnittene Zwiebel und Knoblauch mit Olivenöl anbräunen. Bei den Tomaten Strunk entfernen, Tomaten würfeln und Salz und Pfeffer zugeben. Einmal aufkochen, vom Herd nehmen und zugedeckt 5 Minuten dünsten lassen. Basilikum und Honig hinzufügen. Eventuell mit dem Pürierstab aufmixen, dabei so viel Gemüsebrühe zugeben, dass die Tomatensauce sämig wird.

Lebensmittelverträglichkeit

L Laktosefrei
F Nicht geeignet!
G Glutenfrei
H Nicht geeignet
GI ☺ GL ☺

Gemüse-Basensauce zum Ableiten

Kochzeit: ca. 15 Minuten • 4 Portionen

» Das Gemüse und die Zwiebeln klein schneiden. Beides in Butter anschwitzen, salzen, mit Gemüsebrühe auffüllen und etwa 10 Minuten weich kochen. Mit Sahne und Küchenkräutern pürieren und abschmecken. Eventuell mit Bratensaft oder Fischfond mischen.

Tipp

Mit Weißwein, Ingwer, Curry, Kardamon, Kräutern oder Pesto, mit angebratenen oder mitgekochten Pilzen haben Sie viele Variationsmöglichkeiten. Sie können auch Gemüse mit Kartoffeln mischen.

Lebensmittelverträglichkeit

- L Laktosefreie Butter und Sahne
- F Zwiebeln und Weißwein (Tipp) weglassen
- G Glutenfrei
- H Junger Wein statt Weißwein (Tipp)
- GI ☺
- GL ☺

Zutaten

Verwenden Sie Bioprodukte:

100 g	Wurzelgemüse (oder Kartoffeln)
20 g	Zwiebeln
je 20 g	Butter und Sahne
1/4 l	Gemüsebrühe
	Meersalz, Pfeffer, Küchenkräuter

Pro Portion:

kcal 60 • KH 1,4 • EW 0,3 • F 5,5

Vegetarische Hauptgerichte

Hier finden Sie Getreide- und Kartoffelgerichte, die viel Kohlenhydrate und damit einen hohen GI und GL haben, daher sollten Sie diese Gerichte im Sinne einer Kohlenhydratreduktion dosiert essen – zugunsten von mehr tierischem Eiweiß und guten Pflanzenölen. Mit den Werten von GI und GL wird dokumentiert, wie stark die Kohlenhydrate eines Lebensmittels den Blutzucker anheben.

Getreide-Terrine mit Grünkern

Zutaten

Verwenden Sie Bioprodukte:

- 500 g Wurzelgemüse
- 500 g frisch geschroteter Grünkern
- 1 l Gemüsebrühe
- 3 Eier
- Meersalz, Pfeffer, Muskatnuss
- 1 TL Majoranblätter
- 100 g geriebener Schafskäse

Pro Portion:
kcal 267 • KH 40,5 • EW 13,0 • F 7,3

Kochzeit: ca. 80 Minuten • 15 Portionen

» Das Gemüse sehr klein schneiden. Grünkern und Gemüse mit Gemüsebrühe zugedeckt etwa 20 Minuten köcheln lassen, bis das Getreide weich ist. Vom Feuer nehmen und ca. 50 Minuten zugedeckt nachquellen lassen. Mit allen Zutaten vermischen und gut abschmecken.

» Eine Terrinenform mit Klarsichtbratfolie auslegen, ölen und die Masse einfüllen. Leicht pressen und mit Folie schließen. Im Ofen bei 160 Grad ca. 30 Minuten backen und 10 Minuten stehen lassen. Folie öffnen, stürzen und dicke Scheiben abschneiden.

Tipp
Dieses Gericht schmeckt auch als Vorspeise lauwarm oder kalt vorzüglich! Dazu passen eine Kräutersauce und frisch geschwenkter Blattspinat. Sie können statt Grünkern auch Polentaschrot, Buchweizen oder Hirse sehr gut verwenden.

Lebensmittelverträglichkeit

- L Laktosefreier Schafskäse
- F Wurzelgemüse ohne Karotten
- G Buchweizen, Amaranth oder Quinoa statt Grünkern
- H frischer Schafskäse, Blattspinat (Tipp) weglassen
- GI ☺
- GL ☺

Feines Kartoffelgulasch

Kochzeit: ca. 30 Minuten • 4 Portionen

» Zwiebeln und Knoblauch fein schneiden und in Olivenöl anschwitzen. Paprikapulver, Butter und Tomatenmark einrühren und mit Brühe auffüllen, dabei den Bodensatz gut lösen. Kartoffeln schälen, vierteln.

» Kartoffeln (eine rohe Kartoffel beiseitelegen), Salz, Pfeffer, Lorbeer und Kümmel zugeben und etwa 20 Minuten weich kochen lassen. Nach 15 Minuten die rohe Kartoffel hineinraspeln. Mehl mit etwas Wasser glatt rühren und Gulasch damit binden. Klein geschnittene Würstchen, Gewürzgurke, Sahne und Pfefferoni untermischen und gut abschmecken. Anrichten und mit Sauerrahm und Majoran garnieren.

Tipp

Das Gulasch kann bereits am Tag vorher gekocht und gekühlt werden, dann wird der Geschmack intensiver. In der Pilzsaison eignen sich geschwenkte Steinpilze oder Pfifferlinge als Einlage oder Garnierung.

Lebensmittelverträglichkeit

- L Laktosefreie Butter, Sahne und Sauerrahm
- F Zwiebeln und Tomatenmark weglassen
- G Buchweizenmehl oder Maisstärke statt Vollkornmehl
- H Tomatenmark und Gewürzgurken weglassen
- GI ☺
- GL ☺

Zutaten

Verwenden Sie Bioprodukte:

2	Zwiebeln
4	Knoblauchzehen
2 EL	Olivenöl
2 EL	Paprikapulver, edelsüß
1 EL	Butter
2 EL	Tomatenmark
$^1/_2$ l	Gemüsebrühe
500 g	festkochende Kartoffeln
1 EL	Majoran
3	Lorbeerblätter
	Meersalz, Pfeffer
1 TL	Kümmel, gemahlen
2 EL	Vollkornmehl
2	Puten-Debreziner
2 EL	Gewürzgurke
1 TL	Pfefferoni, geschnitten
je 2 EL	Sauerrahm, Sahne

Pro Portion:
kcal 129 • KH 25,3 • EW 7,8 • F 11,2

Gnocchi mit Salbei und Schafskäse

Zutaten

Verwenden Sie Bioprodukte:

700 g	Kartoffeln (mehlige Sorte)
2	Eigelb
	Meersalz, geriebene Muskatnuss
250 g	Dinkelvollwertmehl
70 g	Dinkel- oder Weizengrieß
2 EL	Butter
1	Bund junge Salbeiblätter (oder 100 g Rucola)
80 g	geriebener Schafskäse

Pro Portion:
kcal 462 • KH 66,2 • EW 17,7 • F 13,2

Kochzeit: ca. 60 Minuten • 4 Portionen

» Kartoffeln waschen, in Alufolie wickeln und bei 200 Grad auf einem Gitter im Backofen 60 Minuten backen. Herausnehmen, Folie entfernen, pellen und noch warm verarbeiten. Durch die Kartoffelpresse in eine Schüssel pressen und mit Eigelb, Salz, Muskat, Mehl und Grieß gut mischen.

» Den Teig auf einer bemehlten Arbeitsfläche kurz durchkneten, vierteln und vier dünne Stränge rollen. Davon mit einem Messer kleine Gnocchi (Scheiben) abschneiden, gut einmehlen, in leicht kochendes Salzwasser einlegen und warten, bis sie an die Oberfläche steigen. Mit einem Netzschöpfer herausnehmen und zum Abtropfen auf Küchenkrepp oder Tuch legen.

» In einer großen Pfanne Butter schmelzen, geschnittene Salbeiblätter anschwitzen, Gnocchi zugeben und einmal durchschwenken. Anrichten und mit Schafskäse bestreuen. Mit Salbei oder Rucola garnieren.

Lebensmittelverträglichkeit

- L Laktosefreie Butter und Schafskäse
- F Fruktosefrei
- G Buchweizenvollwertmehl statt Dinkelvollwertmehl, Buchweizengrieß statt Dinkel- oder Weizengrieß
- H frischer Schafskäse (Quark)
- GI ☺
- GL ☺

Tipp

Lachender Smiley = fast kohlenhydratfrei
Trauriger Smiley = enthält Kohlenhydrate

Reibekuchen mit Tomaten und Büffel-Mozzarella

Zutaten

Verwenden Sie Bioprodukte:

4–5	große Kartoffeln, festkochend
	Meersalz, Pfeffer
2 EL	Olivenöl
2	Eigelb
5	reife Tomaten
1	Bund Basilikum
250 g	Büffel-Mozzarella

Pro Portion:
kcal 301 • KH 18,1 • EW 16,4 • F 18,3

Kochzeit: ca. 10 Minuten • 4 Portionen

» Kartoffeln schälen, raspeln, salzen, pfeffern, gut ausdrücken, mit dem Eigelb vermischen und in einer beschichteten Pfanne kleine, dünne Reibekuchen beidseitig goldgelb braten und zum Abtropfen auf Küchenkrepp legen.

» Die Tomaten häuten und würfeln. Die Reibekuchen mit den Tomaten, dem Basilikum und den Mozzarellawürfeln anrichten.

Tipp

Sie können die Reibekuchen wie einen Pizzateig belegen und kurz überbacken. Die Varianten sind zahlreich: vom Blattspinat über Hüttenkäse bis zu Räucherlachs und Kaviar.

Lebensmittelverträglichkeit

- L Laktosefreier Mozzarella
- F Tomaten weglassen
- G Glutenfrei
- H Tomaten, Spinat, Räucherlachs und Kaviar (Tipp) weglassen
- GI ☺
- GL ☺

Kartoffelauflauf mit Trüffel

Kochzeit: ca. 60 Minuten • 4 Portionen

» Kartoffeln mit Schale im Kocheinsatz weich dämpfen, pellen, halbieren und in dicke Scheiben schneiden. Lauch klein und Zucchini in Scheiben schneiden. Tomaten häuten und würfeln. Kräuter hacken, den halben Mozzarella würfeln.

» Lauch und Zucchini in Butter anschwitzen und mit den Tomaten und allen anderen Zutaten unter die Kartoffeln mischen, gut abschmecken mit Salz und Pfeffer und in eine Auflaufform schichten.

» Mit restlichem Mozzarella bedecken und im Ofen bei 200 Grad etwa 20 Minuten goldbraun backen. Trüffel in hauchdünnen Scheiben darüberreiben.

Tipp

Sie können jede Art von Käse, Gemüse und essbaren Speisepilze unter die Masse mischen.

Lebensmittelverträglichkeit

- L Laktosefreier Käse, Schmand und Butter
- F Lauch und Tomaten weglassen
- G Glutenfrei
- H Tomaten und Trüffel weglassen, frischer Schafskäse (Quark)
- GI ☺
- GL ☺

Zutaten

Verwenden Sie Bioprodukte:

6	große, mehlige Kartoffeln
je 100 g	Lauch, Zucchini, Tomaten
250 g	Mozzarella/Schafskäse
1/2 l	Schmand
1 EL	Butter
1 EL	frischer Majoran, Thymian, Minze
4 EL	frisch geriebener Trüffel
	Meersalz, weißer Pfeffer

Pro Portion:
kcal 627 • KH 28,7 • EW 30,3 • F 44,6

Hausgemachte gefüllte Spinatnudeln

Zutaten

Verwenden Sie Bioprodukte:

Für den Nudelteig:

250 g Dinkelmehl
2 EL passierter Spinat
60 ml Wasser
1 Ei
2 TL Olivenöl
Meersalz

Für die Füllung:

80 g Frühlingszwiebeln
2 EL Butter
200 g gekochte, passierte Kartoffeln (mehlige Sorte)
250 g Magerquark
je 1 Bund Minze und Kerbel, gehackt
Meersalz, geriebene Muskatnuss, weißer Pfeffer

Pro Portion:

kcal 348 • KH 46,9 • EW 19,6 • F 9,4

Kochzeit: ca. 20 Minuten • 4 Portionen

» Aus den Zutaten für den Teig einen mittelfesten Nudelteig machen und in Klarsichtfolie gewickelt 30 Minuten in den Kühlschrank stellen. Danach auf einem Nudelbrett gut bemehlt rechteckig und dünn (2–3 mm stark) ausrollen.

» Für die Füllung Zwiebeln schneiden, in Butter anschwitzen und mit Quark und Kartoffeln mischen. Mit den Kräutern und Gewürzen abschmecken. Die Füllung in 5-cm-Abständen mit einem kleinen Eisportionierer daraufsetzen und den Teig so über die Füllung legen, dass Sie gut ausstechen können.

» Danach mit einer Gabel den Teig rund um die Nudel eindrücken. In Kärnten werden die Nudeln mit der Hand gerändelt. In Salzwasser 10 Minuten kochen, herausnehmen, auf Küchenkrepp abtropfen lassen, anrichten und mit zerlassener Butter und Minze servieren.

Tipp

Sie können auch Frischkräuter, Knoblauch und Schafs- oder Ziegenkäse verwenden. Gekochte Hirse oder Polenta eignen sich statt Kartoffeln. Ohne Spinat im Teig erhalten Sie einen Nudelteig.

Lebensmittelverträglichkeit

- L Laktosefreier Quark, Butter und Schafs- oder Ziegenkäse (Tipp)
- F Fruktosefrei
- G Buchweizenmehl statt Dinkelmehl
- H Spinat weglassen
- GI ☺
- GL ☺

Dinkelnudeln mit Morchelsauce

Zutaten

Verwenden Sie Bioprodukte:

250 g	frische Morcheln (oder 150 g getrocknete)
1/8 l	Gemüsebrühe
100 g	Schalotten, fein geschnitten
2 EL	Butter
150 ml	trockener Weißwein
	Meersalz, weißer Pfeffer
1/4 l	Sahne
1 TL	Petersilie, gehackt
400 g	Vollwert-Dinkelnudeln oder selbst gemachte Nudeln (S. 108)

Pro Portion:
kcal 557 • KH 70,6 • EW 28,45 • F 14,5

Kochzeit: ca. 20 Minuten • 4 Portionen

» Getrocknete Pilze in Gemüsebrühe einweichen, blättrig schneiden. Schalotten fein schneiden und in einer Kasserolle mit Butter anschwitzen. Pilze, dann Gemüsebrühe und Wein zugeben, salzen, pfeffern und alles kurz (3 Minuten) kochen. Sahne und Petersilie zugeben und so lange einkochen, bis die Sauce sämig ist. Mit Meersalz und Pfeffer abschmecken.

» Die Nudeln in kochendem Salzwasser etwa 7–8 Minuten al dente kochen, abseihen, portionsweise anrichten und mit der Pilzsauce servieren. Sie können auch Pfifferlinge, Morcheln oder frisch geriebene Trüffel nehmen.

Lebensmittelverträglichkeit

- L Laktosefreie Sahne und Butter
- F Schalotten und Weißwein weglassen
- G Glutenfreie Nudeln
- H Frische statt getrocknete Pilze, junger Wein statt Weißwein
- GI ☺
- GL ☺

VEGETARISCHES

Vollkorn-Gemüsestrudel

Zutaten

Verwenden Sie Bioprodukte:

Für die Füllung:

600 g Blattspinat, gedämpft, geschnitten
500 g gedämpfte Kartoffeln
200 g Wurzelgemüse
2 EL Olivenöl
2 EL Sauerrahm
100 g Lauchzwiebeln, geschnitten
1 Bund frischer Oregano
Meersalz, Muskat, weißer Pfeffer
Minzeblätter

Für den Strudelteig:

500 g Dinkelmehl (frisch gemahlen)
4 EL Olivenöl
$^1/_4$ l lauwarmes Wasser
1 TL Meersalz

Pro Portion:
kcal 213 • KH 34,2 • EW 9,6 • F 4,3

Kochzeit: ca. 30 Minuten • 8 Portionen

» Für die Füllung Lauchzwiebeln schneiden und in Olivenöl anrösten. Das Wurzelgemüse fein würfeln und dämpfen. Kartoffeln grob reiben und mit Salz, dem Wurzelgemüse, Spinat, Sauerrahm, Kräutern und Gewürzen pikant abschmecken.

» Das Dinkelmehl mit 1 Prise Salz, Öl und Wasser zu einem glatten Teig verkneten, in Folie wickeln und ½ Stunde ruhen lassen. Auf einem bemehlten Tuch dünn ausrollen, dann mit bemehlten Händen so dünn wie möglich ausziehen. Die Teigränder wegschneiden.

» Die Füllung in die Mitte des Teiges legen, mithilfe des Tuches den Teig aufrollen, auf ein Backblech legen und bei 180–200 Grad etwa 20 Minuten backen. Mit Sägemesser portionieren, anrichten und garnieren.

Tipp

Variante Kartoffelstrudel: Rohe, grob geraffelte Kartoffeln in Olivenöl anschwitzen und mit Milch und Rahm zugedeckt etwa 10 Minuten bissfest, aber dicklich einkochen. Gut würzen, abkühlen lassen und damit den Strudel füllen.

Lebensmittelverträglichkeit

- L Laktosefreier Sauerrahm, Milch und Rahm (Tipp)
- F Wurzelgemüse ohne Karotten und Lauch
- G Buchweizenmehl, Quinoa oder Amaranth statt Dinkelmehl
- H Zucchini statt Blattspinat
- GI ☺
- GL ☺

VEGETARISCHES

Buchweizencrêpes mit Gemüse

Zutaten

Verwenden Sie Bioprodukte:

Für den Teig:

4	Eier
	Meersalz
1 TL	gehackte Petersilie
300 ml	Milch
50 ml	Sahne
300 g	frisch gemahlenes Buchweizenmehl
2 EL	Olivenöl

Für die Füllung:

400 g	Gemüse-Ratatouille (S. 78)
100 g	Schafskäse, gewürfelt

Pro Portion:

kcal 493 • KH 59,7 • EW 17,6 • F 16,3

Kochzeit: ca. 10 Minuten • 4 Portionen

» Eier mit Handrührgerät verquirlen, mit Salz, Petersilie, Milch, Sahne und Mehl gut verrühren. Eine kleinere, beschichtete Pfanne mit Olivenöl auspinseln, eine Schöpfkelle Teig (oder weniger) in die Mitte geben. Durch Schwenken der Pfanne gleichmäßig verteilen, anbräunen, wenden, fertig backen, auf einen Teller geben und warm halten. Pro Person je zwei Crêpes mit Gemüse und Schafskäse belegen, einschlagen, garnieren und servieren.

Tipp

Crêpes oder Pfannkuchen gelingen mit jedem Getreidemehl. Auch gut: als Fritatten für die Suppe oder als Süßspeise mit Marmelade gefüllt.

Lebensmittelverträglichkeit

- L Laktosefreie Milch, Sahne und Käse
- F Marmelade weglassen, Gemüse-Ratatouille ohne Tomaten
- G Glutenfrei
- H Gemüse-Ratatouille ohne Tomaten und Auberginen, frischer Schafskäse
- GI ☺
- GL ☺

Naturreis mit Gemüse und Käse

Zutaten

Verwenden Sie Bioprodukte:

300 g	Gemüse (Tomaten, Pilze, Bärlauch, Spargel, Brokkoli, Spinat)
1	kleine Zwiebel
je 1 EL	Olivenöl und Sahne
300 g	Vollwertreis
600 ml	Gemüsebrühe
50 g	Hartkäse, gerieben
	Meersalz, weißer Pfeffer
1 EL	frische Küchenkräuter

Pro Portion:
kcal 213 • KH 34,2 • EW 9,6 • F 4,3

Kochzeit: ca. 45 Minuten • 4 Portionen

» Das Gemüse putzen und klein schneiden. Die Zwiebel fein würfeln, in Olivenöl anschwitzen, mit Gemüsebrühe auffüllen und zugedeckt 40 Minuten leicht kochen lassen. Nach 20 Minuten das Gemüse unterrühren und fertig garen. Salzen, pfeffern, die Kräuter, Sahne und den Käse untermischen und anrichten. Mit Käse und Kräutern garnieren.

Lebensmittelverträglichkeit

- L Laktosefreie Sahne und Käse
- F Tomaten und Zwiebeln weglassen
- G Glutenfrei
- H Tomaten und Spinat weglassen, Frischkäse statt Hartkäse
- GI ☺ GL ☺

Hirse-Topfen-Laibchen mit Schafskäse

Zutaten

Verwenden Sie Bioprodukte:

100 g	Frühlingszwiebeln
300 g	Goldkernhirse
600 ml	Gemüsebrühe
2 EL	Olivenöl
1 EL	frischer Oregano, gehackt
	Meersalz, Pfeffer
200 g	Quark (auch vom Schaf)
100 g	Schafskäse

Pro Portion:
kcal 399 • KH 54,3 • EW 19,6 • F 11,0

Kochzeit: ca. 30 Minuten • 4 Portionen

» Frühlingszwiebeln klein schneiden und in Olivenöl anschwitzen, Hirse zugeben, Gemüsebrühe auffüllen und zugedeckt etwa 20 Minuten köcheln lassen. Kochplatte ausschalten und 20 Minuten nachquellen lassen. Hirse mit einer Gabel aufrühren, Salz, Pfeffer, Oregano, Quark und Käse gut untermischen, Laibchen formen und diese in einer beschichteten Pfanne mit Öl anbräunen, warm halten und mit Gemüse (S. 78) servieren.

Lebensmittelverträglichkeit

- L Laktosefreier Quark und Käse
- F Frühlingszwiebeln weglassen
- G Glutenfrei
- H frischer Schafskäse
- GI ☺ GL ☺

Gratinierte Dinkel-Käsespätzle

Kochzeit: ca. 20 Minuten • 4 Portionen

» Mehl, Eier, Salz und Milch in einer Schüssel mit dem Kochlöffel kräftig zu einem zähen Teig schlagen. Mit einem Spätzlehobel (oder vom Brett geschabt) in reichlich kochendes Salzwasser drücken. Einmal aufkochen, in ein Sieb schütten und sofort mit kaltem Wasser abschrecken.

» Zwiebeln klein schneiden, in einer großen Pfanne in Butter goldbraun rösten, Spätzle, Sahne und Käse zugeben, gut würzen und zum Gratinieren ca. 10 Minuten bei 220 Grad im Ofen braun überbacken. Mit Schnittlauch garnieren.

Tipp
Sie können die Spätzle aus sämtlichen Getreidemehlen herstellen. Dazu passt eine Schüssel grüner Salat.

Lebensmittelverträglichkeit

- L Laktosefreie Milch, Butter, Sahne und Käse
- F Zwiebeln weglassen
- G Buchweizenmehl statt Dinkelmehl
- H Frischkäse statt Tilsiter Käse
- GI ☺
- GL ☺

Zutaten

Verwenden Sie Bioprodukte:

500 g	frisch gemahlenes Dinkelmehl
3	Eier
	Meersalz, weißer Pfeffer
1/4 l	Milch
200 g	Zwiebeln
40 g	Butter
1/8 l	Sahne
200 g	Tilsiter Käse (oder Gouda)
	Schnittlauch

Pro Portion:
kcal 819 • KH 92,1 • EW 35,4 • F 34,6

Serviettenknödel

Zutaten

Verwenden Sie Bioprodukte:

- 6 altbackene Brötchen
- 1/8 l Milch
- 2 EL Butter
- Meersalz, Muskatnuss, Pfeffer, weiß
- 2 EL Petersilie, gehackt
- 1 Ei

Pro Portion:
kcal 279 • KH 42,7 • EW 8,9 • F 8,1

Zubereitungszeit: ca. 20 Minuten • 4 Portionen

» Brötchen würfeln. Milch mit Butter, Salz und Muskat aufkochen, die Brötchen damit übergießen und gut mit Pfeffer, Petersilie und Ei vermischen, fest andrücken und 15 Minuten ziehen lassen. Mit feuchten Händen durchkneten und auf einer Brat- oder Klarsichtfolie eine Rolle formen, stramm einrollen und an den Enden zubinden. Dämpfen oder in Salzwasser 15 Minuten kochen. Folie entfernen und in dicke Scheiben schneiden.

Tipp Mit Steinpilzen oder Pfifferlingen ein tolles Gericht! Auch prima: kalt angebraten mit Rührei und Schnittlauch oder als Beilage zu Gulasch.

Lebensmittelverträglichkeit

- L Laktosefreie Milch und Butter
- F Fruktosefrei
- G Buchweizenbrötchen verwenden
- H Histaminfrei
- GI ☺ GL ☺

Baked Potatoe mit Sauerrahm

Zutaten

Verwenden Sie Bioprodukte:

- 4 große, mehlige Pellkartoffeln
- 8 EL Schmand
- 2 EL Schnittlauchröllchen
- Meersalz

Pro Portion:
kcal 127 • KH 15,6 • EW 2,6 • F 6,0

Kochzeit: ca. 50 Minuten • 4 Portionen

» Kartoffeln mit der Bürste gut schrubben, in Alufolie wickeln und auf dem Gitter bei 200 Grad im Ofen ca. 50 Minuten backen. Herausnehmen, der Länge nach einschneiden und etwas aufbrechen. Schmand mit Schnittlauch und Salz vermischen und in die Kartoffel füllen.

Tipp Als Füllung eignen sich alle Aufstriche (S. 56).

Lebensmittelverträglichkeit

- L Laktosefreier Schmand
- F Fruktosefrei
- G Glutenfrei
- H Histaminfrei
- GI ☺ GL ☺

Fischgerichte

Denken Sie daran, dass Sie zu Fischgerichten kein Brot essen. Nudeln, Reis oder Kartoffeln als Beilage sind Kohlenhydrathauptträger, die Sie deutlich reduzieren oder besser weglassen sollten. Am besten sind Fischgerichte mit sämtlichen Gemüsebeilagen, die ruhig etwas größer sein können, damit Sie auch satt werden. Achten Sie darauf, dass Sie zwischen Mittag- und Abendessen 5–6 Stunden nichts essen und nur Leitungswasser oder Kräutertee trinken, um die Fettverbrennung nicht zu blockieren.

Lachsforelle in der Salzkruste

Zutaten

Verwenden Sie Bioprodukte:

1	Regenbogen- bzw. Lachsforelle (500–600 g)
	Petersilie, Dill, Estragon oder Basilikum
1,5 kg	grobes Meersalz

Pro Portion:
kcal 252 • KH 0,0 • EW 24,8 • F 17,0

Zubereitungszeit: ca. 20 Minuten • 4 Portionen

» Den ausgenommenen und gesäuberten Fisch mit Kräutern füllen. Einen Teil der Kräuter beiseitelegen. Eine passende Auflaufform mit Rand nehmen, zuunterst etwas Salz geben, den Fisch mit Kräutern darauflegen und mit dem übrigen Salz völlig zudecken.

» Bei 200 Grad in den vorgeheizten Backofen schieben und in 15–20 Minuten garen. Danach das Salz abheben, die Haut entfernen, den Fisch filetieren und anrichten. Dazu passt als Beilage Mangold-Spinat mit Fenchelgemüse (S. 79).

Tipp

Durch den Salzmantel haben Sie das beste Eigenaroma. Sie können jeden ganzen Fisch so zubereiten.

Lebensmittelverträglichkeit

- L Laktosefrei
- F Fruktosefrei
- G Glutenfrei
- H Mangold weglassen
- GI ☺
- GL ☺

Frisches Seebarschfilet auf Mangold

Zutaten

Verwenden Sie Bioprodukte:

400 g	Seebarschfilet (oder andere)
$^1/_2$	Zitrone
	Meersalz, weißer Pfeffer
1	Bund Basilikum
2 EL	Olivenöl
$^1/_8$ l	Basensauce (S. 101)
je 200 g	Fenchel, Karotten, Mangold
100 g	Frühlingszwiebeln
2	Knoblauchzehen
100 g	Tomatenwürfel
1 EL	Basilikumpesto

Pro Portion:
kcal 145 • KH 6,1 • EW 24,4 • F 3,3

Kochzeit: ca. 10 Minuten • 4 Portionen

» Die Filets mit Zitronensaft, Pfeffer und geschnittenen Basilikumblättern marinieren. Das Gemüse putzen, Mangold in grobe Stücke schneiden. Fenchel, Mangoldstiele und Karotten im Kocheinsatz gar dämpfen.

» Zwiebeln und Knoblauch fein schneiden und in 1 TL Olivenöl anschwitzen, Mangoldgrün zugeben und kurz mitschwitzen. Das übrige Gemüse, die Basensauce und Tomatenwürfel untermischen und mit Salz, Pfeffer und Basilikumstreifen abschmecken. Die Filets salzen, in einer Pfanne mit 1 EL Olivenöl beidseitig 2–3 Minuten braten. Mit dem Gemüse anrichten und mit Basilikumpesto garnieren.

Lebensmittelverträglichkeit

- L Laktosefrei
- F Evtl. Frühlingszwiebeln und Tomatenwürfel weglassen
- G Glutenfrei
- H Mehr Fenchel statt Mangold, Tomatenwürfel und Zitrone weglassen
- GI ☺
- GL ☺

Petersfisch oder Saibling im Wurzelsud

Zutaten

Verwenden Sie Bioprodukte:

- $^1/_2$ l Fischfond oder Gemüsebrühe
- 4 Petersfischfilets (Forelle oder Saibling à 120 g)
- 100 g Karotten
- 100 g gelbe Rüben
- 100 g Staudensellerie
- 100 g Fenchel
- 2 EL Butter
- Meersalz, weißer Pfeffer, Dill oder Basilikum

Pro Portion:

kcal 134 • KH 3,0 • EW 23,4 • F 5,7

Zubereitungszeit: 15 Minuten • 4 Portionen

» Aus den Fischresten einen Fischfond machen (sonst Gemüsebrühe nehmen). Die Fischfilets sauber teilen. Fenchel, Möhren und Rüben in Scheibchen, Staudensellerie in grobe Streifen schneiden. Butter in einer Kasserolle zerlaufen lassen, das Gemüse darin kurz andünsten, mit Fischfond auffüllen und Gemüse zugedeckt etwa 10 Minuten weich kochen bzw. dünsten.

» Die Kräuter zugeben und mit Salz und Pfeffer abschmecken. Die Fischfilets halbieren, würzen, einlegen und 2–3 Minuten zugedeckt garen lassen. Die Filets mit dem Gemüse und etwas Sud in tiefen Tellern anrichten.

Tipp

Sie können auch Kartoffelscheiben mit dem Gemüse mitgaren.

Lebensmittelverträglichkeit

- L Laktosefreie Butter
- F Mehr gelbe Rüben statt Karotten
- G Glutenfrei
- H Histaminfrei
- GI ☺
- GL ☺

Wolfsbarsch auf Gemüse

Zubereitungszeit: ca. 20 Minuten • 4 Portionen

» Die Barsche schuppen, ausnehmen, auswaschen und mit Küchenkrepp trocken tupfen, salzen und pfeffern. Jeweils einen Thymianzweig in die Bauchhöhle legen und in einer Pfanne mit Olivenöl beidseitig bräunen und herausnehmen. Das Gemüse putzen, in grobe Scheiben schneiden. Mit Salz, Pfeffer und Ingwer würzen, anschwenken, kurz dünsten, dann den Fisch mit restlichem Thymian darauflegen. Etwa 15 Minuten im 200 Grad vorgeheizten Ofen garen.

Lebensmittelverträglichkeit

- L Laktosefrei
- F Mehr gelbe Rüben statt Karotten
- G Glutenfrei
- H Histaminfrei
- GI ☺ GL ☺

Zutaten

Verwenden Sie Bioprodukte:

- 4 kleine Wolfsbarsche (à ca. 200 g)
- 1 EL Olivenöl
- Meersalz, weißer Pfeffer
- 8 kleine Zweige Zitronenthymian
- je 2 Fenchelknollen, Karotten und gelbe Rüben
- $^1/_4$ TL gehackter Ingwer

Pro Portion:
kcal 191 • KH 6,2 • EW 22,9 • F 8,3

Felchenfilet mit Bärlauchschaum

Kochzeit: ca. 15 Minuten • 4 Portionen

» Schalotten klein schneiden und in Olivenöl anschwitzen. Felchenfilet mit Salz, Pfeffer, Zitronensaft würzen und auf die Schalotten legen. Mit Weißwein angießen und zugedeckt 1–2 Minuten dünsten. Sahne und Basensauce zugeben und 2–3 Minuten einkochen lassen, Bärlauchstreifen untermischen.

Lebensmittelverträglichkeit

- L Pflanzencreme statt Sahne
- F Evtl. Schalotten, Zitronensaft und jungen Weißwein weglassen
- G Glutenfrei
- H Zitronensaft weglassen
- GI ☺ GL ☺

Zutaten

Verwenden Sie Bioprodukte:

- 50 g Schalotten
- 1 EL Olivenöl
- 4 Felchenfilets (je 120 g) oder andere
- Meersalz, Zitronensaft, weißer Pfeffer
- je $^1/_8$ l junger Weißwein und Sahne
- 50 g Bärlauch (Rucola oder Kresse)
- $^1/_8$ l Basensauce (S. 101)

Pro Portion:
kcal 263 • KH 3,3 • EW 23,6 • F 16,8

Seezungenröllchen mit Lachsfilet

Zutaten

Verwenden Sie Bioprodukte:

100 g frischer Blattspinat
8 frische Seezungenfilets
Meersalz, weißer Pfeffer
100 g Lachsfilet in Streifen
300 g grätenfreier Fisch ohne Haut
1/4 l Pflanzencreme oder Sahne

Pro Portion:
kcal 306 • KH 2,5 • EW 44,4 • F 13,8

Kochzeit: ca. 15 Minuten • 4 Portionen

» Spinat putzen und kurz dämpfen. Die Seezungenfilets nebeneinander auf eine ausgebutterte Alufolie legen. Mit Salz, Pfeffer würzen und die angedämpften Spinatblätter so verteilen, dass ein breiter Rand frei bleibt.

» Für die Farce den Fisch klein schneiden, im Cutter pürieren, salzen, pfeffern, Sahne zugeben und noch mal kurz pürieren. Die Farce in einen Spritzbeutel füllen und in der Mitte eine dicke Wurst auf den Fisch setzen.

» Die Lachsstreifen der Länge nach in die Mitte der Farce drücken und mit Farce bedecken. Nun die Seezungenfilets von beiden Seiten überlappen, mit der Folie eng einrollen und an den Enden eindrehen. Entweder im Dampf oder Backofen ca. 15 Minuten garen, kurz nachziehen, Folie öffnen und in breite Ringe schneiden.

Tipp

Sie können auch eine mit Folie ausgelegte Metallform verwenden. Einzeln gelingt ein Fischsoufflé auch gut in Kaffeetassen oder Förmchen. Die Farce kann auch als Nockerl (alle Fischsorten) in Salzwasser eingekocht werden.

Lebensmittelverträglichkeit

- L Laktosefreie Sahne
- F Fruktosefrei
- G Glutenfrei
- H Mehr Fenchel statt Spinat
- GI ☺
- GL ☺

Fischsuppe mit Safran und Seealgen

Zutaten

Verwenden Sie Bioprodukte:

50 g	Frühlingszwiebeln
2	Knoblauchzehen
1 EL	Olivenöl
1 l	Gemüsebrühe
200 g	gemischtes Gemüse (Karotten, gelbe Rüben, Stangensellerie, Fenchel)
1	Brief Safranfäden
100 g	Muscheln, frisch
50 ml	Weißwein
1 EL	Portwein
	Meersalz, weißer Pfeffer
200 g	Filetstücke grätenfrei (Lachs, Forelle, Zander, Saibling)
50 g	frische Seealgen
50 g	geschälte Tomatenwürfel
1 EL	Basilikum

Pro Portion:
kcal 110 • KH 4,5 • EW 13,6 • F 3,1

Kochzeit: ca. 15 Minuten • 4 Portionen

» Zwiebeln und Knoblauch klein schneiden und in einer Kasserolle mit Olivenöl farblos anschwitzen, salzen und mit Gemüsebrühe (oder Fischfond) auffüllen. Das Gemüse in Scheiben schneiden, zugeben und mit den Safranfäden ca. 10 Minuten al dente kochen.

» Nach 5 Minuten Muscheln zugeben. Abschmecken mit Wein, Portwein, Salz und Pfeffer. Nun die kleinen Fischstücke mit Salz und Pfeffer würzen und in die köchelnde Suppe legen. Vom Herd nehmen, zudecken und etwa 5 Minuten ziehen lassen. Anrichten und mit knackigen Algen, Tomatenwürfeln und Basilikumstreifen garnieren.

Tipp

Sie können alle festen Fische und Muscheln dazu verwenden. Haben Sie ganze Fische, können Sie aus den Resten auch einen Fischfond zubereiten und damit aufgießen.

Lebensmittelverträglichkeit

- L Laktosefrei
- F Frühlingszwiebeln, Weißwein, Portwein und Tomatenwürfel weglassen
- G Glutenfrei
- H Muscheln, Portwein, Seealgen und Tomatenwürfel weglassen, junger Wein statt Weißwein
- GI ☺
- GL ☺

Fleischgerichte

Bei allen Fleischgerichten sollten Sie auf zusätzliches Brot verzichten. Als Beilage sollten Sie auch im Restaurant Reis, Nudeln und Kartoffeln ganz weglassen, zumindest aber stark reduzieren. Die beste Beilage ist viel Gemüse in sämtlichen Varianten.

Knusperbraten vom Kalb oder Geflügel

Zutaten

	Verwenden Sie Bioprodukte:
500 g	Kalbsschulter (oder Putenbrust oder 1 ganzes Huhn)
	Meersalz, weißer Pfeffer
300 g	Zwiebeln
700 g	Wurzelgemüse
300 g	Kartoffeln
1/4 l	Gemüsebrühe
5	Rosmarinzweige

Pro Portion:
kcal 192 • KH 13,1 • EW 28,7 • F 2,0

Kochzeit: ca. 40 Minuten • 4 Portionen

» Backofen auf 200 Grad vorheizen. Kalbsschulter (Huhn oder Pute) mit Salz und Pfeffer würzen. Zwiebeln schälen und vierteln. Das Wurzelgemüse putzen und in grobe Stücke schneiden. Kartoffeln schälen. Große Stücke vom Wurzelgemüse und Kartoffeln auf ein Backblech oder in eine große Form legen und das Fleisch samt Rosmarinzweigen darauflegen.

» Im Backofen etwa 40 Minuten braten. Zwischendurch mit Gemüsebrühe begießen und das Gemüse mit Kartoffeln umdrehen, damit alles braun gebraten wird. Fleisch aus dem Ofen nehmen, portionieren und mit dem Gemüse, ein paar Kartoffeln und Zwiebeln anrichten.

Tipp

So können Sie auch einen Lammbraten mit Knoblauch, einen Wildbraten mit Rotwein und Basensauce oder anderes Geflügel zubereiten.

Lebensmittelverträglichkeit

- L Laktosefrei
- F Zwiebeln und Rotwein (Tipp) weglassen
- G Glutenfrei
- H Rotwein (Tipp) weglassen
- GI ☺
- GL ☺

Wok-Gemüse mit Reisnudeln und Hühnerfleisch

Zutaten

Verwenden Sie Bioprodukte:

250 g	Glas- oder Reisnudeln
200 g	Wurzelgemüse
150 g	Grünkohl
250 g	Hühnerfilet
200 g	bunte Paprika
150 g	gelbe Zucchini
150 g	Mangold
je 1 EL	Sojasauce und Gemüsebrühe
1 EL	Maisstärke
2 EL	Olivenöl
3	Knoblauchzehen, gehackt
1/8 l	Gemüsebrühe
1/8 l	Basensauce (S. 101)
1/2 TL	Sambal
1/2 TL	gehackter Ingwer
	Meersalz, Pfeffer aus der Mühle

Pro Portion:

kcal 353 • KH 37,9 • EW 12,6 • F 8,9

Kochzeit: ca. 20 Minuten • 4 Portionen

» Glasnudeln 15 Minuten in kaltem Wasser einlegen, danach zwei- bis dreimal durchschneiden. Wurzelgemüse in Scheibchen schneiden. Grünkohl grob würfeln. Hühnerfilet in dünne Streifen schneiden. Paprika putzen und in grobe Würfel schneiden. Zucchini in Scheiben und Mangold grob schneiden.

» Hühnerfilet in einer Schüssel mit Maisstärke, Sojasauce und 1 EL Gemüsebrühe mischen, im Wok mit Öl scharf anbraten und herausnehmen. Karotten, Grünkohl, Mangold und Paprika zugeben, kurz mitbraten, mit Gemüsebrühe aufgießen und etwa 10 Minuten zugedeckt garen lassen.

» Nach ca. 8 Minuten Garzeit die klein geschnittenen Nudeln, Basensauce und Zucchini zugeben und mit Meersalz, Pfeffer, Ingwer und Sambal würzen. Zuletzt das Fleisch untermischen und kurz nachziehen lassen.

Tipp

Frühlingszwiebeln, Bärlauch, frischer Oregano, Lammfilet oder zartes Rind sorgen für weitere Variationen.

Lebensmittelverträglichkeit

- L Laktosefrei
- F Paprika, Sojasauce und Frühlingszwiebeln (Tipp) weglassen
- G Glutenfrei
- H Sojasauce, Sambal und Mangold weglassen
- GI ☺
- GL ☺

Irischer Hammeleintopf

Zutaten

Verwenden Sie Bioprodukte:

500 g	Zwiebeln
2	Knoblauchzehen
500 g	Grünkohl
250 g	Karotten
250 g	Sellerieknolle
2 EL	Olivenöl
600 g	Lammfleisch, gewürfelt (Keule)
2	Lorbeerblätter
1 l	Gemüsebrühe oder Wasser
	Meersalz, Pfeffer aus der Mühle
500 g	festkochende Kartoffeln
	Schnittlauch

Pro Portion:
kcal 482 • KH 16,1 • EW 10,5 • F 29,5

Kochzeit: ca. 15 Minuten • 4 Portionen

» Zwiebeln und Knoblauch schälen und fein schneiden. Kohl grob würfeln, Gemüse in dicke Stifte schneiden. Zwiebel mit Knoblauch in einer Kasserolle mit Öl anschwitzen, Fleisch zugeben, mit Salz, Pfeffer, Lorbeer würzen, Flüssigkeit aufgießen und 10 Minuten köcheln lassen.

» Die Kartoffeln schälen, vierteln, mit dem Kraut und Gemüse dazugeben und zugedeckt bei nicht zu starker Hitze etwa 30 Minuten schmoren, dann ausschalten und 10 Minuten nachziehen lassen. In Suppentellern anrichten, Schnittlauch darübergeben.

Tipp

Der Hammeltopf kann auch mit Rindfleisch gemacht werden. Auch das Gemüse können Sie variieren. Hält gut zwei Tage im Kühlschrank und wird immer besser.

Lebensmittelverträglichkeit

- L Laktosefrei
- F Zwiebeln und Karotten weglassen
- G Glutenfrei
- H Histaminfrei
- GI ☺
- GL ☺

Fleischröllchen von Pute, Rind oder Kalb

Zutaten

Verwenden Sie Bioprodukte:

4	Beiriedscheiben (Rostbraten, Roastbeef) oder Puten- oder Kalbschnitzel à 100 g
	Meersalz, Pfeffer aus der Mühle
200 g	Wurzelgemüse
250 g	Fleisch (Rostbraten, Huhn, Pute, jedes andere faserfreie Fleisch ohne Sehnen)
250 ml	Sahne
1 EL	gehackter Oregano

Pro Portion:
kcal 365 • KH 5,0 • EW 38,5 • F 26,7

Kochzeit: ca. 20 Minuten • 4 Portionen

» Roastbeef dünn klopfen und nebeneinander auf Bratfolie legen, salzen und pfeffern. Das Wurzelgemüse sehr klein schneiden und weich dämpfen. Für die Farce das Fleisch klein schneiden, im Cutter pürieren, Sahne, Salz und Pfeffer zugeben, noch mal kurz mixen und das weich gedämpfte Gemüse unterrühren.

» Die Masse in eine Spritztüte füllen und wurstförmig in der Mitte auf das Fleisch auftragen. Roastbeef von beiden Seiten überlappen, mit der Folie einrollen und an den Enden abbinden. Am Gitter im Ofen bei 200 Grad 15 Minuten braten, Folie entfernen und die Rolle portionieren. Dazu passen Basensauce und Gemüse oder Kartoffelpüree.

Tipp

Kann gut vorbereitet und mit hellem und dunklem Fleisch variiert werden. Die Farce in gedämpften Kraut- oder Kohlblättern eingerollt mit Natur-Tomatensauce (S. 100) bringt weitere Varianten.

Lebensmittelverträglichkeit

- L Laktosefreie Sahne
- F Natur-Tomatensauce (Tipp) weglassen
- G Glutenfrei
- H Natur-Tomatensauce (Tipp) weglassen
- GI ☺
- GL ☺

Kuchen und Desserts

Einfache Nachtische sind Quarkcremes, Aufläufe, Früchte oder Nusscremes, wie sie bereits im Buch »Die Milde Ableitungsdiät« zahlreich enthalten sind. Bedenken Sie, dass alle Kuchen und Nachtische, auch die aus Vollkorngetreide, Kohlenhydrathauptträger sind, die einen hohen Glykämischen Index bzw. eine hohe Glykämische Last haben, und essen Sie daher nur gelegentlich am Wochenende kleine Mengen davon, um die Fettspeicher nicht unnötig aufzufüllen. Sie werden bald selbst merken, was Sie sich leisten können, um Ihr Gewicht dauerhaft zu halten. Die Lebensqualität soll aber auch gepflegt werden. Nach solchen Glyx-Sünden am Wochenende machen Sie am Wochenbeginn wieder wie gewohnt kohlenhydratreduziert weiter (siehe Tagespläne S. 156).

Hirse-, Buchweizen- oder Dinkelroulade

Zutaten

Verwenden Sie Bioprodukte:

- 60 g Hirse-, Buchweizen- oder Dinkelmehl
- 3 Eier
- Meersalz
- 2 EL Rohzucker oder Honig
- 2 EL gute Marmelade
- 2 EL Sesam

Pro Portion:
kcal 116 • KH 12,5 • EW 4,7 • F 4,6

Zubereitungszeit: ca. 20 Minuten • 10 Portionen (1 Blech)

» Den Ofen auf 190 Grad vorheizen. Die Eier trennen, das Eiweiß mit Salz steif schlagen, Eidotter mit Zucker oder Honig gut schaumig rühren und alles zusammen mit dem Schneebesen unters Mehl heben. Auf Backpapier aufstreichen, mit Sesam bestreuen und ca. 8 Minuten goldbraun backen.

» Nach dem Backen auf ein zweites bemehltes Papier stürzen, erstes ablösen, mit Marmelade bestreichen, eng einrollen und dann portionieren.

Tipp
Gelingt auch mit glutenfreiem Mehl aus Quinoa, Amaranth, Reis und Mais.

Lebensmittelverträglichkeit

- L Laktosefrei
- F Honig und Marmelade weglassen
- G Buchweizen, Hirse, Reis, Mais, Amaranth, Quinoa statt Hirse-, Buchweizen- und Dinkelmehl
- H Honig weglassen
- GI ☺
- GL ☺

Walnuss-Karotten-Kuchen

Zutaten

Verwenden Sie Bioprodukte:

550 g Karotten
500 g Walnüsse
300 g Rohzucker oder Honig
10 Eier
Zitronenschale, Meersalz

Pro Portion:

kcal 193 • KH 22,2 • EW 3,2 • F 13,0

Zubereitungszeit: ca. 40 Minuten • 24 Portionen (1 Blech)

» Ofen auf 170 Grad vorheizen. Karotten fein raspeln und die Walnüsse mahlen. Nüsse und Karotten vermischen. Eier trennen, Eidotter mit Zucker oder Honig gut cremig rühren. Eiweiß mit etwas Salz zu Schnee schlagen. Alles locker miteinander vermischen und auf ein gefettetes Backblech streichen. Etwa 40 Minuten backen, auskühlen und portionieren.

Tipp

Wenn Sie eine Torte machen wollen, nehmen Sie die halbe Menge und verzieren Sie sie mit Sahne, Karottenscheibchen und Walnusshälften.

Lebensmittelverträglichkeit

- L Laktosefreie Sahne (Tipp)
- F Nicht geeignet!
- G Glutenfrei
- H Nicht geeignet!
- GI ☺
- GL ☺

Dinkel-Aprikosenschnitte

Zutaten

Verwenden Sie Bioprodukte:

- 5 Eier
- 300 g Butter
- Salz, Vanillearoma, Zitronenschale
- 250 g Rohzucker oder Honig
- 150 g Dinkelmehl
- 150 g gemahlene Nüsse
- 25 gut reife Aprikosen
- 4 EL Mandelblättchen

Pro Portion:
kcal 242 • KH 15,6 • EW 3,5 • F 18,6

Backzeit: ca. 35 Minuten • 20 Portionen

» Die Eier trennen. Butter, Eigelb, Vanille, Zitronenschale und Honig schaumig rühren. Eiweiß mit einer Prise Salz zu Schnee schlagen. Mit Nüssen und Mehl unter die Dotter-Grundmasse mischen.

» Die Masse auf ein mit Butter gefettetes Blech streichen, mit halbierten, entkernten Aprikosen gleichmäßig belegen, mit Mandelblättern bestreuen und bei ca. 180 Grad im vorgeheizten Backofen 30–35 Minuten backen. In Schnitten schneiden.

Tipp

Die Früchte können Sie nach Jahreszeit variieren. Im Winter verwenden Sie Apfelspalten, im Frühsommer Rhabarber, Johannis- und Erdbeeren, im Sommer Marillen, Zwetschgen, Nektarinen und Pfirsiche, im Herbst Brombeeren, Himbeeren und Heidelbeeren.

Lebensmittelverträglichkeit

- (L) Laktosefreie Butter
- (F) Nicht geeignet!
- (G) Buchweizenmehl statt Dinkelmehl
- (H) Nüsse, Zitronenschale und Mandelblätter und Beeren (Tipp) weglassen
- (GI) ☺
- (GL) ☺

Gedeckter Mürbteig-Apfelkuchen

Zutaten

Verwenden Sie Bioprodukte:

Teig:

450 g	Dinkelmehl
300 g	Butter
130 g	brauner Zucker
2	Eigelbe
	Salz
	Vanillezucker
	Zitronenschale

Füllung:

1 kg	säuerliche Äpfel
150 g	brauner Zucker
1 EL	Zimt
2 EL	Rum
200 g	Rosinen
1 EL	Vanillezucker

Pro Portion:
kcal 282 • KH 33,2 • EW 2,8 • F 14,3

Backzeit: ca. 40 Minuten • 20 Portionen

» Das Dinkelmehl auf eine Arbeitsplatte geben, in der Mitte eine Mulde drücken und Zucker, Eigelb, Zitronenschale und Vanillezucker hineingeben. Rundherum die Butterstückchen verteilen und alles zusammen zu einem festen Mürbteig kneten. In Folie wickeln und 30 Minuten im Kühlschrank ruhen lassen.

» Für die Füllung die Äpfel schälen, entkernen und in Scheibchen schneiden. Mit Zucker, Zimt, Rum, Rosinen und Vanillezucker mischen und in einer großen Pfanne kurz andünsten. Abkühlen lassen.

» Den Teig halbieren und auf einer bemehlten Arbeitsfläche ca. ½ cm stark ausrollen, so groß, dass er auf das Backblech passt. Die Füllung darauf verteilen. Die zweite Teighälfte ausrollen, darüberlegen und im vorgeheizten Backofen bei 180 Grad ca. 35 Minuten backen. Herausnehmen, portionieren und mit Vanillezucker bestreuen.

Tipp
Dieser Apfelkuchen hält tagelang frisch – mit Folie zugedeckt. Sie können auch das ganze Blech einfrieren!

Lebensmittelverträglichkeit

- L Laktosefreie Butter
- F Nicht geeignet!
- G Buchweizenmehl statt Dinkelmehl
- H Rum, Rosinen und Zitronenschale weglassen
- GI ☹
- GL ☹

Quarkauflauf mit Fruchtmark

Zubereitungszeit: ca. 25 Minuten • 4 Portionen

» Eine feuerfeste Auflaufform mit zerlassener Butter auspinseln. Eier trennen. Eiweiß mit einer Prise Salz halb steif schlagen. Eigelb mit Honig sehr gut verrühren. Sauerrahm, Quark, Grieß, Stärkemehl, Zitronenschale, Vanillezucker zugeben, wieder gut untermischen und zuletzt das Eiweiß unterheben. Die Masse in die Auflaufform geben und bei 180 Grad ca. 20 Minuten backen.

» Die Erdbeeren putzen und pürieren. Den Auflauf noch warm aus der Form stechen und mit dem Fruchtmark (oder Kompott) servieren. Mit frischer Zitronenmelisse garnieren.

Tipp

Die Masse kann auch in einer leicht gebutterten Pfanne wie ein Kaiserschmarrn zubereitet werden.

Lebensmittelverträglichkeit

- L Laktosefreier Quark und Sauerrahm
- F Zucker statt Honig, Melone statt Erdbeeren
- G Glutenfreier Grieß
- H Zucker statt Honig, Zitrone weglassen, Melone statt Erdbeeren
- GI ☺
- GL ☺

Zutaten

Verwenden Sie Bioprodukte:

Auflauf:

3	Eier
	Salz
2 EL	Honig
250 g	Quark
125 ml	Sauerrahm
3 EL	Dinkel- oder Weizengrieß
1 TL	Stärkemehl
	Zitrone
1 TL	Vanillezucker

Fruchtmark:

250 g	Erdbeeren oder andere Früchte
	Zitronenmelisse

Pro Portion:

kcal 160 • KH 5,3 • EW 14,6 • F 8,0

Aprikosenknödel mit Bröselbutter

Zubereitungszeit: ca. 15 Minuten • 4 Portionen

» Butter, Zitronenschale und Salz schaumig rühren. Ei, Quark und Mehl einarbeiten. Den Teig glatt kneten und kurze Zeit kühl stellen. Ist der Teig zu fest, etwas Butter zugeben, bei zu weichem Teig etwas Mehl einmengen.

» Den Teig auf einem bemehlten Brett ca. 1 cm stark ausrollen. In acht gleich große Quadrate einteilen, die halbierten Aprikosen darauf legen, den Teig zusammenfassen und zu runden Knödeln rollen. Diese im kochenden Salzwasser ca. 10 Minuten kochen.

» Für die Brösel Butter und Kuchenbrösel in einer Pfanne kurz aufschäumen lassen. Die fertigen Knödel aus dem Wasser nehmen, in den Butterbröseln wälzen und mit Puderzucker bestreut servieren.

Tipp

Kleine Aprikosen können auch entkernt und mit Würfelzucker gefüllt verwendet werden.

Lebensmittelverträglichkeit

- L Laktosefreie Butter und Quark
- F Nicht geeignet!
- G Buchweizenmehl statt Dinkelmehl, Buchweizenbrösel
- H Zitronenschale weglassen
- GI ☺
- GL ☺

Zutaten

Verwenden Sie Bioprodukte:

Knödelteig:

60 g	Butter
	etwas Zitronenschale
1	Pr. Salz
1	Ei
250 g	Quark
150 g	Dinkelmehl
4	mittlere, reife Aprikosen

Bröselbutter:

50 g	Butter
40 g	Kuchenbrösel
	Puderzucker

Pro Portion:

kcal 471 • KH 53,5 • EW 19,2 • F 15,1

Dinkel-Kaiserschmarrn

Zutaten

Verwenden Sie Bioprodukte:

4	Eier
190 ml	Milch
	Salz
100 g	frisch gemahlenes Dinkelmehl
30 g	Rohzucker
50 g	Butter
40 g	Rosinen

Pro Portion:
kcal 365 • KH 35,0 • EW 12,1 • F 19.0

Zubereitungszeit: ca. 15 Minuten • 4 Portionen

» Eier trennen. Milch mit Salz würzen und mit vier Eidottern und Mehl zu einem glatten Teig verrühren. Das Eiweiß mit dem Zucker zu einem steifen Schnee schlagen und unter den Teig ziehen.

» In einer flachen Pfanne Butter erhitzen, den Teig hineingießen, anbacken, mit Rosinen bestreuen, in der Mitte teilen, wenden und bei mäßiger Hitze fertig backen. Dabei in kleine Stücke zerreißen und kurz im heißen Backofen ausdünsten lassen.

Tipp

Beim Anrichten mit Puderzucker bestreuen. Mit Zwetschgen- oder Birnenkompott servieren.

Lebensmittelverträglichkeit

- L Laktosefreie Milch und Butter
- F Rosinen und Kompott (Tipp) weglassen
- G Buchweizenmehl statt Dinkelmehl
- H Rosinen weglassen, frische Früchte statt Kompott (Tipp)
- GI ☺
- GL ☺

Wiener Apfelstrudel

Zubereitungszeit: ca. 15 Minuten • 6 Portionen

» Für den Teig alle Zutaten zu einem glatten Teig verkneten und in Folie gewickelt ½ Stunde kühl stellen. Den Backofen auf 200 Grad vorheizen. Die Rosinen im Rum einweichen lassen. Die Äpfel blättrig schneiden und mit Zitronensaft, den Rum mit Rosinen, Zucker, Vanillezucker, Nüssen, Zimt und Salz verrühren und etwa ½ Stunde ziehen lassen.

» Semmelbrösel in etwas Butter anrösten und untermischen. Strudelteig auf einem bemehlten Tuch dünn ausrollen, dann dünn ausziehen, mit zerlassener Butter bestreichen und die Apfelmischung auf ihm verteilen. Strudelteig mithilfe des Küchentuchs einrollen.

» Strudel auf ein gefettetes Backblech legen und mit zerlassener Butter bestreichen. Auf mittlerer Schiene ca. 35 Min. goldbraun backen und mit Puderzucker bestreut noch warm servieren!

Lebensmittelverträglichkeit

- L Laktosefreie Butter
- F Nicht geeignet!
- G Buchweizenmehl statt Dinkelmehl, glutenfreie Brösel
- H Zitrone, Rum, Rosinen und Walnüsse weglassen
- GI ☺
- GL ☺

Zutaten

Verwenden Sie Bioprodukte:

Teig:

200 g	Dinkelauszugsmehl
1/8 l	warmes Wasser
1 EL	Öl
	Butter zum Bestreichen

Füllung:

800 g	säuerliche Äpfel
1 EL	Zimt
	Saft 1 Zitrone
60 ml	Rum
1	Pr. Salz
50 g	Rosinen
50 g	Rohzucker
	Vanillezucker
50 g	Walnüsse
40 g	Semmelbrösel
40 g	Butter

Pro Portion:

kcal 481 • KH 61,6 • EW 6,1 • F 11,9

Marillen-Topfenstrudel

Zubereitungszeit: ca. 15 Minuten • 8 Portionen

» Für den Teig Mehl, Wasser, Ei, Salz und weiche Butter zu einem Teig verarbeiten, zudecken und ½ Stunde ruhen lassen. Danach ein Küchentuch bemehlen und den Teig darauf sehr dünn ausrollen, dann ausziehen und den überstehenden Rand wegschneiden.

» Für die Füllung Butter mit Zucker und Rum schaumig rühren, Eier einrühren und zuletzt Puddingpulver und Quark einmengen. Marillen entkernen und vierteln, zusammen mit einer Prise Salz untermischen. Den Teig mit der Masse belegen, mithilfe des Tuchs einrollen, aufs Blech setzen und mit Ei bestreichen. Bei 180 Grad backen, bis der Strudel goldbraun ist. Mit Puderzucker bestreuen und mit frischen Marillen servieren.

Tipp

Kann auch mit Blätterteig gemacht werden. Dazu passt auch Vanillesauce.

Lebensmittelverträglichkeit

- L Laktosefreie Butter und Quark
- F Nicht geeignet!
- G Buchweizenmehl statt Dinkelmehl
- H Rum weglassen
- GI ☺
- GL ☺

Zutaten

Verwenden Sie Bioprodukte:

Strudelteig:

- 250 g feines Dinkelmehl
- 150 ml warmes Wasser
- 1 Ei
- 1 Pr. Salz
- 60 g Butter
- oder 1 Packung Vollwert-Blätterteig

Füllung:

- 50 g Butter
- 100 g Rohzucker
- 2 EL Rum
- 3 Eier
- evtl. 2 EL Vanillepuddingpulver
- 500 g Magerquark (abgetropft)
- 500 g Marillen
- Meersalz
- etwas Puderzucker
- 1 Ei zum Bestreichen

Pro Portion:

kcal 365 • KH 41,2 • EW 15,5 • F 14,8

Maronisoufflé mit Rieslingsabayon

Zutaten

Verwenden Sie Bioprodukte:

Maronisoufflé:

3	Eier
50 g	Butter
1	Pr. Salz
	Vanille
20 g	Bitterschokolade
60 g	Maronipüree (TK)
10 g	Semmelbrösel
40 g	Rohzucker
30 g	geriebene Mandeln

Rieslingsabayon:

2	Eidotter
2 EL	Zucker
1	Pr. Salz
1/8 l	Riesling

Pro Portion:

kcal 197 • KH 13,7 • EW 6,8 • F 11,7

Zubereitungszeit: ca. 35 Minuten • 8 Portionen

» Die Eier trennen. Butter, Eidotter und Salz schaumig schlagen. Schokolade schmelzen und mit dem Maronipüree untermischen. Eiweiß zu festem Schnee schlagen und abwechselnd mit den geriebenen Mandeln und Bröseln unter die Masse heben.

» Die Masse in gebutterte Formen füllen und im Wasserbad bei 200 Grad im Backofen 15–20 Minuten garen lassen. Für den Sabayon Eidotter mit Zucker, Riesling, Vanille und Salz im Schneekessel über Wasserdampf aufschlagen. Maronisoufflé mit Sabayon servieren.

Tipp

Ein Soufflé sollte frisch serviert werden, sofort wenn es aus dem Ofen kommt, da die lockere Masse sonst schnell zusammenfällt. Bereiten Sie das Sabayon einfach während der Backzeit des Soufflés vor.

Lebensmittelverträglichkeit

- L Laktosefreie Butter
- F Riesling weglassen
- G Buchweizenbrösel statt Semmelbrösel
- H Schokolade weglassen, junger Wein statt Riesling
- GI ☺
- GL ☺

Erdbeer- oder Himbeerparfait

Zutaten

Verwenden Sie Bioprodukte:

2 Eier
80 g brauner Zucker oder Honig
Salz
Vanillezucker
300 g pürierte Erdbeeren oder Himbeeren
200 ml Sahne

Pro Portion:
kcal 210 • KH 25,7 • EW 5,1 • F 7,5

Zubereitungszeit: ca. 15 Minuten • 4–8 Portionen

» Die Eier mit Zucker, Salz und Vanillezucker über Wasserdampf cremig aufschlagen, dann über Eiswasser kalt schlagen. 100 g Beeren pürieren und dazumischen. Die Sahne steif schlagen und mit den restlichen, ganzen Beeren unterheben.

» Eine Tunnelform (30 x 5 cm) mit Klarsichtfolie auslegen und die Masse einfüllen. Im Tiefkühlschrank 4 Stunden gefrieren lassen. Aus der Form stürzen und mit einem dünnen, befeuchteten Messer in Scheiben schneiden. Nett anrichten und mit Zitronenmelisse garnieren.

Tipp

Sie können auch Johannisbeeren oder Walderdbeeren verwenden und das Parfait in Förmchen oder kalt ausgespülten Tassen einfrieren.

Lebensmittelverträglichkeit

- L Laktosefreie Sahne
- F Nicht geeignet!
- G Glutenfrei
- H Zucker statt Honig, Himbeeren statt Erdbeeren
- GI ☺
- GL ☺

Ihr Menü – unter der Woche und am Wochenende

Sie haben unter der Woche mit dem Rezeptteil weniger Kohlenhydrate gegessen, 5–6 Stunden Pause zwischen den drei Mahlzeiten eingehalten und dazwischen nur Wasser getrunken. Nun kommt die Schlemmerphase am Wochenende. Unter der Woche gibt es üblicherweise zumeist nur einen oder zwei Gänge: Entweder Salat und Hauptgericht oder Vorsuppe und Hauptgericht. Aber an Wochenenden mit der Familie, zwischendurch bei festlichen Anlässen oder bei Feiern wird eine Ausnahme gemacht, und es können mehrere kleine Gänge serviert werden. Das sollte am besten zum Mittag sein.

Das Abendessen sollte bescheiden und besonders leicht bleiben. Auf Rohkost, Obst, Salate und frisch gepresste Obst- oder Gemüsesäfte sollten Sie am Abend weiterhin verzichten. Diese Lebensmittel sind besonders gärungsfreudig. Zwischendurch lassen Sie das Abendessen bewusst ausfallen und trinken dafür umso mehr.

Im Sinne der Kohlenhydratreduktion lassen Sie weiterhin das Brot weg oder reduzieren es deutlich und beginnen jede Mahlzeit zuerst mit einer kleinen Menge Eiweiß, Salaten und rohem Gemüse als Vorspeise oder mit verschiedenen Gemüsegerichten oder Basensuppen wie im Rezeptteil. Als Beilage zu Fleisch oder Fisch nehmen Sie am besten nur Gemüse in den verschiedensten Variationen, bis Sie angenehm satt sind. Nur hin und wieder essen Sie eine kleine Menge Kartoffeln oder Getreide zu Fleisch oder Fisch und ein- bis zweimal pro Woche einen Nachtisch. Ihr Wohlbefinden wird es Ihnen danken.

Nach dem Genusswochenende kehren Sie mit den Rezepten aus dem Buch, die Sie beliebig untereinander tauschen können, zu Ihrer kohlenhydratreduzierten Ernährung zurück (siehe Tagespläne).

Gesund und kohlenhydratreduziert durch die Woche

Varianten für Ihren Wochenmenüplan:

Woche I:

	Montag	Dienstag	Mittwoch	Donnerstag	Freitag	Samstag
Frühstück	Kräutertee (S. 47) Rührei mit Käse und Tomaten Dinkelbrötchen (S. 64)	Naturjoghurt mit Früchten (S. 54) Apfel-Ingwertee (S. 48) Fladenbrot (S. 62) mit Fischmousse (S. 57)	Kräutertee (S. 47) Fladenbrot (S. 62) Oliven-Schafskäse-Aufstrich (S. 56)	Kräutertee (S. 47) Fladenbrot (S. 62) Topfen-Leinöl (S. 56) und Obst	Getreidebrei mit Obst (S. 52) Apfel-Ingwertee (S. 48)	Roggenbrot (S. 60) mit Geflügelmousse (S. 57) Kräutertee (S. 47)
Mittag	Reibekuchen mit Mozzarella (S. 106) oder Fleischröllchen mit Gemüse (S. 136)	Knusperbraten (S. 130) oder Lachsforelle (S. 120)	Gebratenes Geflügel (S. 130) mit Gemüse	Gnocchi mit Schafskäse (S. 104)	Wokgemüse mit Huhn (S. 132)	Kartoffelgulasch (S. 103)
Abend	Kürbissuppe mit Ingwer (S. 92)	Selleriesuppe (S. 95)	Kartoffelsuppe (S. 94)	Tomaten mit Mozzarella (S. 106)	Seeteufel-Fischsalat (S. 82)	Zwiebelsuppe (S. 100)

Woche II:

	Montag	Dienstag	Mittwoch	Donnerstag	Freitag	Samstag
Frühstück	Obst-Getreidemüsli (S. 54) Kräutertee (S. 47)	Dinkelbrot (S. 60) mit Butter und Marmelade Kräutertee (S. 47)	Fladenbrot (S. 62) Oliven-Schafskäse-Aufstrich (S. 56) Kräutertee (S. 47)	Naturjoghurt mit Früchten (S. 54) Kräutertee (S. 47)	Apfel-Ingwertee (S. 48) Fladenbrot (S. 62) mit Käse und Schinken	Roggenbrot (S. 60) Leinölcreme (S. 56) Kräutertee (S. 47)
Mittag	Felchenfilet mit Gemüse (S. 125) oder Buchweizencrepes (S. 114)	Gefüllte Spinatnudeln (S. 108) oder Seezungenröllchen (S. 126)	Kartoffelauflauf (S. 107) oder Saibling im Sud (S. 124)	Gemüsestrudel (S. 112) oder Rindfleischröllchen (S. 136)	Hirse-Topfenlaibchen (S. 116) oder Hammeleintopf (S. 134)	Rucolarisotto mit Schafskäse (S. 80) oder Seebarschfilet mit Mangold (S. 122)
Abend	Fenchel mit Tomaten (S. 79)	Minestrone (S. 99)	Gemüsebouillon (S. 85)	Fischsuppe (S. 128)	Mangold mit Mandeln (S. 78)	Fenchelsuppe (S. 96)

Schlemmen und genießen am Sonntag

Varianten für Ihr Sonntagsmenü:

Menü I:

- Vorspeise: Blattsalat mit Fenchel und Walnüssen (S. 66)
- Suppe: Gemüsebouillon mit Quarknockerln (S. 85)
- Vegetarisches Hauptgericht oder Hauptgericht mit Fisch: Gemüse-Ratatouille mit Champignons (S. 78) oder Seezungenröllchen mit Lachsfilet (S. 126)
- Dessert: Gedeckter Mürbteig-Apfelkuchen (S. 144)

Menü II:

- Vorspeise: Artischocken mit Tomaten und Oliven (S. 76)
- Suppe: Kürbissuppe mit Ingwer (S. 92)
- Hauptgericht mit Fleisch: Wokgemüse mit Hühnerfleisch (S. 132)
- Dessert: Quarkauflauf mit Fruchtmark (S. 145)

Menü III:

- Vorspeise: warmes Fenchelgemüse mit Tomaten (S. 79)
- Suppe: Kartoffelsuppe mit Steinpilzen (S. 94)
- Vegetarisches Hauptgericht oder Hauptgericht mit Fisch: Rucolarisotto mit Schafskäse (S. 80) oder marinierte Lachsforelle (S. 74)
- Dessert: Hirseroulade (S. 138)

Menü IV:

- Vorspeise: Mangold mit Mandeln und Walnussöl (S. 78) oder Tomaten mit Basilikum und Schafsmozzarella (S. 72)
- Vegetarisches Hauptgericht oder Hauptgericht mit Fisch: pikanter Gemüse-Spinat-Strudel (S. 112) oder Saibling im Wurzelsud (S. 124)
- Dessert: Maronisoufflé mit Riesling-Sabayon (S. 152)

Verzeichnis der Kochrezepte

Literaturverzeichnis

Rauch, E./Mayr, P.: Die Milde Ableitungsdiät. Karl F. Haug Verlag Stuttgart 2001. ISBN 978-3-8304-2274-7

Rauch, E./Mayr, P.: Schnell & einfach: Milde Ableitungsdiät. Karl F. Haug Verlag Stuttgart 2006. ISBN 978-3-8304-2219-8

Mayr, P.: Die schnelle Bioküche. Karl F. Haug Verlag Stuttgart 1990. ISBN 978-3-7760-1677-2 (im Buchhandel vergriffen)

Mayr, P.: Das Biologische Kochbuch. Orac – Buch- und Zeitschriftenverlag 1989. ISBN 978-3-8536-8896-0 (im Buchhandel vergriffen)

Mayr, P.: Leicht bekömmliche Bioküche. Karl F. Haug Verlag Stuttgart 2000. ISBN 978-3-8304-2041-5 (im Buchhandel vergriffen)

Mayr, P.: Schmackhaft kochen für chronisch Kranke. Karl F. Haug Verlag Stuttgart 1997. ISBN 978-3-7760-1563-8 (im Buchhandel vergriffen)

Mayr, P.: Gaumenfreuden aus der Vollwertküche für jeden Tag. Karl F. Haug Verlag Stuttgart 1990. ISBN 978-3-7760-1109-8 (im Buchhandel vergriffen)

Mayr, P./Stossier, H.: Die Candida-Diät. Karl F. Haug Verlag Stuttgart 2009. ISBN 978-3-8304-2097-2

Rauch, E./Mayr, P.: Die Kohlenhydrat-Falle. Karl F. Haug Verlag Stuttgart 2003. ISBN 978-3-8304-2097-2

Aichhorn, J./Mayr, P.: Gesunde Ernährung bei Rheuma. Karl F. Haug Verlag Stuttgart 2003. ISBN 978-3-8304-2091-0

Adam, O./Mayr, P.: Gesunde Ernährung bei Morbus Bechterew. Karl F. Haug Verlag Stuttgart 1999. ISBN 978-3-8304-2011-8 (im Buchhandel vergriffen)

Worlitschek, M./Mayr, P.: Säure-Basen-Einkaufsführer. Karl F. Haug Verlag Stuttgart 2009. ISBN 978-3-8304-2275-4

Mayr, P.: Einkaufsführer Kohlenhydrate, Proteine, Fette. Karl F. Haug Verlag Stuttgart 2003. ISBN 978-3-8304-2090-3 (im Buchhandel vergriffen)

Mayr, P: Genießen wie früher, kochen wie heute. Mosaik Verlag München 2000. ISBN 978-3-5761-1102-8 (im Buchhandel vergriffen)

Mayr, P.: Kneipp und die gesunde Ernährung. Verlag des österreichischen Kneippbundes 1993. Lizenzausgabe Karl F. Haug Verlag Stuttgart. ISBN 978-3-7760-1297-2 (im Buchhandel vergriffen)

Böhmig, U./Mayr, P.: Kneipp und die Heilpflanzen. Verlag des österreichischen Kneippbundes 1993. Lizenzausgabe Karl F. Haug Verlag Stuttgart. ISBN 978-3-7760-1298-9 (im Buchhandel vergriffen)

Mayr, P./Stossier, H.: Gesund leben durch die Eiweiß-Abbaudiät. Karl F. Haug Verlag Stuttgart 2000. ISBN 978-3-8304-2020-0

Mayr, P.: Abnehmen bei Typ-2-Diabetes – nach F.X. Mayr. Karl F. Haug Verlag Stuttgart 2004. ISBN 978-3-8304-2108-5

Mayr, P./Wieser, A.: Energy-Cuisine. Karl F. Haug Verlag Stuttgart 2005. ISBN 978-3-8304-2173-3

Zierden, I./Mayr, P.: F. X. Mayr-Kur. Das Basisbuch. Karl F. Haug Verlag Stuttgart 2005. ISBN 978-3-8304-2189-4

Worm, N.: Glücklich und schlank. Systemed 2003. ISBN 978-3-927372-26-9

Warnke, U.: Risiko Wohlstandsleiden. Popular Academic Verlag Saarbrücken 1996. ISBN 978-3-9299-2902-7 (im Buchhandel vergriffen)

Impressum

Bibliografische Information der Deutschen Nationalbibliothek
Die Deutsche Nationalbibliothek verzeichnet diese Publikation in der Deutschen Nationalbibliografie; detaillierte bibliografische Daten sind im Internet über http://dnb.d-nb.de abrufbar.

Programmplanung: Dr. Elvira Weißmann-Orzlowski, Julia Reichmann

Redaktion: Anja Fleischhauer
Bildredaktion: Christoph Frick

Umschlaggestaltung und Layout: CYCLUS · Visuelle Kommunikation, Stuttgart

Bildnachweis:
Umschlagfoto vorn: stockfood
Fotos im Innenteil: Chris Meier

Zeichnung: S. 15: Christine Lackner, Ittlingen

2. Auflage 2015

Printed in Germany

Satz und Grafik S. 25: Fotosatz H. Buck, Kumhausen
gesetzt in: InDesign CS3 auf MAC OS X
Druck: AZ Druck und Datentechnik GmbH, Kempten

Gedruckt auf chlorfrei gebleichtem Papier

ISBN 978-3-8304-8467-7 1 2 3 4 5 6

Auch erhältlich als E-Book:
eISBN (PDF) 978-3-8304-8468-4
eISBN (ePub) 978-3-8304-8469-1

Liebe Leserin, lieber Leser,
hat Ihnen dieses Buch weitergeholfen? Für Anregungen, Kritik, aber auch für Lob sind wir offen. So können wir in Zukunft noch besser auf Ihre Wünsche eingehen. Schreiben Sie uns, denn Ihre Meinung zählt!

Ihr TRIAS Verlag
E-Mail Leserservice: kundenservice@trias-verlag.de

Lektorat TRIAS Verlag
Postfach 30 05 04
70445 Stuttgart
Fax: 0711 89 31-748

Wichtiger Hinweis:
Wie jede Wissenschaft ist die Medizin ständigen Entwicklungen unterworfen. Forschung und klinische Erfahrung erweitern unsere Erkenntnisse. Ganz besonders gilt das für die Behandlung und die medikamentöse Therapie. Bei allen in diesem Werk erwähnten Dosierungen oder Applikationen, bei Rezepten und Übungsanleitungen, bei Empfehlungen und Tipps dürfen Sie darauf vertrauen: Autoren, Herausgeber und Verlag haben große Sorgfalt darauf verwandt, dass diese Angaben dem Wissensstand bei Fertigstellung des Werkes entsprechen. Rezepte werden gekocht und ausprobiert. Übungen und Übungsreihen haben sich in der Praxis erfolgreich bewährt.

Eine Garantie kann jedoch nicht übernommen werden. Eine Haftung des Autors, des Verlags oder seiner Beauftragten für Personen-, Sach- oder Vermögensschäden ist ausgeschlossen.

Geschützte Warennamen (Warenzeichen®) werden nicht besonders kenntlich gemacht. Aus dem Fehlen eines solchen Hinweises kann also nicht geschlossen werden, dass es sich um einen freien Warennamen handelt.